LOVE

# 恋爱真相

## 最好的爱情是彼此高攀

苏清涛 著

中国友谊出版公司

图书在版编目（CIP）数据

恋爱真相：最好的爱情是彼此高攀 / 苏清涛著. —
北京：中国友谊出版公司, 2016.6
ISBN 978-7-5057-3756-3

Ⅰ. ①恋… Ⅱ. ①苏… Ⅲ. ①恋爱—通俗读物 Ⅳ.
①C913.1-49

中国版本图书馆CIP数据核字(2016)第129063号

书名　恋爱真相：最好的爱情是彼此高攀
作者　苏清涛
出版　中国友谊出版公司
发行　中国友谊出版公司
经销　新华书店
印刷　北京鹏润伟业印刷有限公司
规格　880 × 1230毫米　32开
　　　8印张　154千字
版次　2016年7月第1版
印次　2016年7月第1次印刷
书号　ISBN 978-7-5057-3756-3
定价　39.80元
地址　北京市朝阳区西坝河南里17号楼
邮编　100028
电话　（010）64668676

如发现图书质量问题，可联系调换。质量投诉电话：010-82069336

# 目录 CONTENTS

## 第二章
## 缺乏安全感，是全世界最流行的“妇科病”

“安全感”这个词在恋爱中的出镜率很高，它可以是姑娘接受一个人的理由，也可以是姑娘拒绝一个人的理由，它让男人们闻风丧胆。女人口中的“安全感”到底是什么意思？

目录 CONTENTS

## 第三章
## 女左，男右

男人和女人有了争议，通常，男人喜欢用说理的方式、辩论的方式；女人不跟你讲理，她只要你爱她。只有你爱她，她才会对你好；你如果跟她讲理，你就死定了。

## 第四章
## 我是男神，愿为你下凡

越是配不上，越要把自己“许配”给她。不想吃天鹅肉的癞蛤蟆不是好蛤蟆，宁可让自己有“高攀不起”的压力感，也不愿意在自己意兴阑珊的情况下去找个人“凑个数”。

# 自序
# 你能接受不完美的我，所以也值得拥有最好的我

一

在相当长的一段时间里，遇到有读者来咨询“感情问题”，我总是礼貌地谢绝：“不好意思，我自己还单身呢，在爱情方面，我是个Loser，没资格回答你的问题。”

有一次，一同学对我说：“你文章中的话，常被我拿来追女孩，很管用。”这让我想起，更早一些时候，一朋友谈恋爱的时候对我说：“今天追女孩的时候忍不住讲了几句有水平的话，但事后一回想，那些话好像都是你说的。”

然而，我却悲伤地说道：“可是，即便是你们能借用我说的话追到女孩，我自己却还是追不到女孩。毛泽东的军事思想里面有一句‘武器固然重要，可是，掌握武器的人更重要’应验了。”该同学说：“这正如同，我们的高中老师，他们教出来的学生可以考上清华，可是，他们自己却考不上清华。”

他这么一说，我恍然大悟：“一个优秀的教练，不一定要是个优

秀的运动员。”

我以文字的形式分享自己对爱情的哲学思考，并不是要为别人提供什么“幸福指南”，而是提供一种可资借鉴的思考方式。

## 二

那么，好的爱情究竟是一副什么样子呢？

一年前，我在微信朋友圈发了一句话：“最好的伴侣，就是能勾引出你最多笑声的人。”我写这句话本来是为了给某个女生洗脑的，没想到竟意外收到强烈反响。后来，一篇以此为标题的文章，阅读量达到了数十万。可见，“你能勾引出我的笑声”，是多少人对伴侣的期待啊。

## 三

前段时间，一朋友八卦地问我：“你心仪的姑娘，是怎样的一个人？”

我自豪地答道：“是一个跟我一样‘自由而无用’（不食人间烟火、不功利、跟社会主流价值观保持一定距离）的人。”

她开玩笑：“说句打击你的话，也只有‘自由而无用’的人才可能看得上你。”

我很兴奋地答道：“对对对。因为，只有‘自由而无用’的人才能读懂我的价值。更确切地说，也只有‘自由而无用’的人才配喜欢我。”

我这种“用情怀追女孩，追有情怀的女孩”的人，吸引到的女生，必然也就是跟我一样有情怀的人。这样有一个极大的好处就是，我不用花时间去拒绝我不喜欢的人了。

一位与我“明生情愫”的女生曾经对我说：“你说你最喜欢我的‘自由而无用’，可是，也许在别人看来，我那就真的是无用！”

所以说，两个人的所思所想要在同一个振动频率上才好。

## 四

我心仪的一位姑娘，她不务正业，不好好工作，却痴迷于一种业余爱好，对此，我不仅给予精神上的鼓励，也愿意提供经济上的支持，她虽然感动，但也有心理负担。

我安抚她说：“你要相信一点，我不是为了支持你而支持你，不是为了让你开心而无条件地支持你，而是，你所追求的，恰好是我自己也特别看重的事情。你所做的，对我来说，是一种‘虽不能至，心向往之’的东西。”

有一次，跟她共同读完一篇文章，我们达成一个共识：为对方花钱，要比为自己花钱更能增强人的幸福感；并且，挣钱给对方花，要比挣钱给自己花的动力大很多。

但我又做了一个补充：这种动力要长期坚持下去，得有一个前提——挣钱给对方花，是基于对对方所做的事情的认同，甚至是同样的热爱，或者“虽不能至，心向往之”。只有在这种情况下，你为对方花钱、花时间，才不会觉得“我为你付出了多少”“我为你花了多少时间”。相反，如果你花钱只是为了“哄TA开心”，那就是无法持续的。

她回复我说：“我对你的写作，跟你对我的音乐，心情是一样的，我希望我们能成为彼此的绿叶。”

刚才重新写这句话的时候，我忍不住落泪。像我这种书呆子，在很多人看来，也就是一个“应试教育的受害者”“读书把脑子读坏了”，而具有艺术家气质的她却对我意乱情迷且久处不厌。这让我再一次坚信一点：找个能跟你灵魂共振的人很重要。时间长了，你们会内化为彼此气质的一部分。

很早之前看到一句话：一对夫妻的物质生活水平取决于收入较高的一方，精神生活水平取决于素质较低的一方。所以，一方面，我们得努力赚钱，提高家庭的物质生活水平；另一方面，也得努力提高自己的精神素质，免得拖了伴侣的后腿。

## 五

我问她：“女人应该怎样做才能像你一样有趣？”

她答道：“遇见像你一样的男人！”

有一次，我对她说：“你是我见过的最会聊天的女人。”

她说：“我的情商，跟聊天对象的有趣程度成正比。”

她说，跟我说话的时候，她经常是“超常发挥”。

跟她一样，我也常常为自己的“超常发挥”感到惊讶。

她对我说：“你给我提供了最适合我的心理环境。到目前为止，我并没有‘变得更好’，你看到的听到的感受到的，都是原本就存在我身上的，只是我的旧爱没能提供给我这种环境让我自由发挥而已。”

她还对我说：“你是唯一能自然接受我的‘荒诞’的人。因此，你值得拥有最好的我，最自然最真实也是最美的我。”

这让我想起自己在早先对她说过的一句：“我若不能接受最差的你，就不配拥有最好的你！”

不仅我对她如此宽容，而且，在我遇到过的女生中，她既是最出色的一个，也是对我最不挑剔的一个。“你也是唯一能接受我的不完美的人。”

“不，我是第二个，第一个人应该是你自己 。也许，我是第一个，你是第二个 ，因为我带头接受，让你有了勇气接受你自己 。反过来，我也是这样。因为你，我变得能够跟自己和解了，还把这种气场带给了需要力量的人。”

接纳彼此的不完美，是爱情和婚姻的必修课。

## 六

有一次，她问我：“你觉得咱俩般配吗？”

我果断地说：“不般配！”

她吓了一跳问：“为什么？”

我说：“我配不上你！在你面前，我一直有种自卑感。”

她说：“不，明明是我配不上你！”

我安抚她说：“从心理学上说，你越爱一个人，就越会觉得自己配不上他（她）。这下子，咱俩扯平了。哈哈哈。”

在商业上，最好的交易，并不是等价交换，而是双方都觉得自己占便宜了；类似地，最好的爱情，也不是所谓“精神上的门当户对”，而是，双方都觉得“我高攀你了，占便宜了”。

因此，双方都觉得“我配不上你”，其实就是最好的组合。

事实上，多年来，我对女人作战的原则一直都是“越是觉得配不上，便越想把自己‘许配’给你”。正是这种“高攀”的努力，让我自己变得越来越出色。

“在你之前，我觉得自己是谁都配不上；在你之后，我则是觉得自己谁都配不上。”这个文字游戏，我们都感同身受。

好的爱情，一定是可以“往高层次带人”的。

我本来只是一只想吃天鹅肉的癞蛤蟆，却一不小心把自己变成了天鹅。

谈一场有价值的恋爱，可以成就更好的自己。

苏清涛

2016年3月16日凌晨

# 第一章

## 有价值的媳妇PK
## 无价值的媳妇

LOVE

在物质层面，如果女人自己的收入比较高，并且也足够智慧，则她们在婚恋中对男人的“经济基础”反而不会十分挑剔。此时，她们会更加注重两人在兴趣、思维方面的匹配度。

## 越是有价值的媳妇，娶起来越便宜，持有成本越低

连续剧《平凡的世界》正在热播，当少安的未婚妻贺秀莲出现的时候，我眼前一亮。这个姑娘长得好自不必说，还很能干，脾性又好。以剧中的角色设计而言，这个形象堪称完美。但出人意料的是，她的娘家竟然不收一分钱彩礼。

再联想到当下农村结婚居高不下的彩礼，我脑子里突然蹦出一句“经典语录”：越是有价值的媳妇，娶起来越便宜。

当然，这句话并不是哪个名人的名言，而是我自己说的。去年，有个妹子跟我说，她出嫁的时候，就不会收一分钱彩礼，而且还可以自带嫁妆。本来，不收彩礼这个事情，也很常见，没什么可称道的，但为了表达我的谄媚之情，我还是来了一句：“我突然发现，越是有价值的媳妇，娶起来越便宜。”（她是这样的一个女子：其姿色，让男人见了忍不住想交往；其智商，足以把绝大部分男人都吓出一身冷

汗；其收入，足以让大部分男人不敢高攀；其价值观，不入流俗，虽然已经进入社会将近十年，却依然保持着无知少女的纯洁。她在18岁的时候，在家人的压力下以第一名的成绩考入深圳海关，但3个月后，在满足了家人的虚荣心之后，她又果断辞职。她极富幽默感，还有点不食人间烟火……无论从世俗的标准还是非世俗的标准，她都是出类拔萃的。因此，说她会是个“高价值媳妇”，绝非夸张。）

当我将上面那句话发在朋友圈时，转发者云集，可见是赢得了共鸣。不过，学弟邢自健纠正道：“你已经把那个意思表达出来了，但还不够恰当，确切地说，应该是‘只有有价值的媳妇，才能便宜地娶回来’。”呜呼，妙！妙！妙！

此话怎讲呢？

“有价值的媳妇”，包括在物质和精神两个层面的有价值，我们这里主要强调精神层面。

前几天，有人说我是个“用情怀追女孩的典范”。这个概括很恰当。我之所以用情怀追女孩，首先是因为在大部分时候我都没钱，当然，即便是在有钱的时候，我依然用情怀追女孩，因为，用钱追，太缺乏技术含量，没有成就感。这种追女孩的方式，注定了传说中的“物质女”跟我是无缘的。能跟我建立起亲密关系的，一定就是自己也有情怀的女人，最起码，也是个足够聪明、足够“识货”，能够读懂我的情怀的人。

我喜欢接触在校园里待的时间长、文化素质比较高的女人，其实一个很重要的原因是，文化素质比较高的人，“骗起来容易”，只要用情怀就可以搞定了。这些文化素质高的女人，一般都不太会看重彩礼等丑陋的民间风俗，她们会努力“吃里爬外”地站在男方的立场上恳请自己的父母降低彩礼。因此，当我跟我妈提到“越是有价值的媳妇娶起来越便宜”这个观点的时候，我妈立马以我妹妹举例论证：她是研究生毕业，但结婚时收的彩礼就比我那些初中都没毕业的堂妹收的彩礼少得多。当然，我在抵制彩礼的同时，也一直认为，女婿应对岳父母尽到养老义务。遗憾的是，在很多地方的农村，老人的养老医疗基本不关女儿女婿什么事情。这种现实，也让彩礼的征收显得很有必要性。

在物质层面，如果女人自己的收入比较高，并且也足够智慧，则她们在婚恋中对男人的“经济基础”反而不会十分挑剔。此时，她们会更加注重两人在兴趣、思想方面的匹配度。不够智慧的女人，一旦自己的收入比男人高，就会趾高气扬。因为在她们看来，只有女人的收入比男人低才是合乎情理的。因此，“落魄”才子，尽管常常会遭遇整个世界的嫌弃，但在遇到这种女人后，会立马得救。以前，我认为古代经典爱情故事中千篇一律的白富美爱上穷秀才纯属“书生式意淫”，但后来，我渐渐认识到，这是真的。

与“只有有价值的媳妇才能便宜地娶回来”相对应的是：越是没价值的媳妇，娶起来越贵。

很多女人在婚前问男方要“四金”，这很少是因为她们真的喜欢这些玩意儿，而主要是媚俗，是为了“证明自己的身价”。而且，出现一个奇葩的规律：越是在贫穷的农村，对越是文化程度偏低或自己不会赚钱的女人和丈母娘来说，“四金”就显得越有必要性；越是没什么才艺，也不会踏踏实实过日子的女人，就越是喜欢追求这种“伪浪漫”。尤为可笑的是，很多新媳妇买了“四金”，在婚礼之外的场合并不佩戴，她要这些只是为了让男人表示对她的重视；更有甚者竟然认为“男人只有花了血本把我娶回去，才会珍惜”。真是too young（太年轻），too naive（太幼稚）。如果非要出轨，那么，头脑正常的男人，珍不珍惜你，看的并不是他当初为了娶你而付出了多少成本，而是他搞定下一任的成本。理性的决策应该对沉没成本忽略不计，而重点关注机会成本。

但是，高价值的媳妇，就不太会这么枉顾双方经济实力地胡来。我曾经跟一个白富美说：“我有个哥们儿是搞电镀的，我已经跟他密谋了，以后，在地摊上花几毛钱买个破戒指，然后拿到他的工厂里面镀一层金，再送给你。”她对我这一省钱妙招非常喜欢，以至于在很久之后还问我要："电镀的戒指呢？"我拿不出来，便只好找个借口："那个做电镀的朋友已经改行了。"结果她"咄咄逼人"："那你赶紧再去结识一个做电镀的朋友啊。"假如我不幸遇见一个无趣的女人，她肯定会认为我这是"没诚意"，而非"浪漫"吧？

对不同价值的媳妇儿，持有成本也跟她们自身的价值成反比。

春节期间，在"博士生返乡日记"火起来之后，润初问我："读书到底有什么用？"我写长文回应了他，其中有一段是："对不少女人来说，八卦、逛街和购物就是最主要的精神生活；但对喜欢读书的女人来说，逛街和购物的需求就会下降。所以说呢，娶个喜欢读书的媳妇儿，'好养活，省钱'，即使她不愿意工作，你也会觉得很轻松。"后来，有读者在评论中回复：看到这句话，就忍不住要转发全文。

除"好养活"之外，有价值的媳妇，相处起来也轻松。

先插个题外话。当我还在江苏做销售的时候，有一次，向一个经销商催货款，对方的采购员让我提供对账单，我一下子就火了："怎么每次跟你们催款，你们都要我提供对账单？如果是十笔八笔，你对账还有必要，只有一两笔账，有什么可对的？我给你做对账单的时间，都能开发四五家客户出来了！"最终，这个客户没再问我要对账单，老老实实地付款了。明明就是一个只有四五个人的小公司，倒把流程搞得像个世界五百强企业似的；反倒是很多五百强客户，做事都比较干脆利索，不浪费我们彼此时间。我当时向一同事发牢骚："往往越是很垃圾的那些客户，提出的要求越烦琐；而一些大客户，要求反而普遍简单易行。"

同事点头称是。我又补充了一句："这就好比，女人，自己越是长得丑、文化水平越低，对男人的要求便越苛刻！"同事先是对我的观点深表认同，但她随后又自行对号入座道："别这样说啊，我很敏感的，我自己就是长得丑、文化水平低，但又对男人有着苛刻要求的女人。"每一个站着的人，都是会中枪的。

我承认，这话确实说得有点尖酸刻薄，但以老夫行走江湖二十年来的经历看，事实的确如此。"越丑越刻薄"法则有以下几种表现形式：

其一，越是那些长相一般、文化水平不怎么样的女生，越会对男生的外表无比挑剔；相反，反倒是那些既拥有一流姿色，并且也才气逼人的女子，不会特别看重男人的外表。这种机制造成的后果是，丑女通常不嫁给长相跟她自己"半斤八两"的丑男，即使嫁了，也多半心不甘情不愿；而美女，常常是嫁给了"猥琐男"，"鲜花插在牛粪上"，让旁观者惋惜不已。当然，我得承认，美女对猥琐男外表的宽容度高，并不是导致“鲜花插在牛粪上”的唯一原因。

其二，总体而言，在嫁女儿的时候，自身经济条件越差、社会地位越低的家庭，越势利。因为他们往往希望通过婚姻来改善女儿的（甚至是整个家庭的）命运，这种势利的本质在于“想高攀”。尽管这主要是丈母娘们的想法，但广大未婚女青年也并不是绝对地无辜。倘若你是一个出身寒门的穷小子，如果你去跟白富美谈恋爱，甚至谈婚论嫁，她们多半不会嫌你没房没车，只要你在她们眼里足够可爱就可以继续了；但如果你与一个跟你自己有着同样家庭出身的女子谈婚论嫁，那么你的未婚妻和丈母娘几乎必定会对你的财务状况百般挑剔，你光有了房还不行，她们还要计算以你现有的工资得花多少年才能把债都还完！其实，未婚妻这方面倒还算好说一点，如果你条件确实不好，只要你有上进心，够努力，她或许还能理解你、支持你；但跟你一样“屌丝出身”的丈母娘就完全不同了，你哪怕是个“食内待时飞”的“潜力股”也没有用，她最理想的女婿不是“潜力股”，而是现成的富二代和官二代！我舅妈就是这种丈母娘的杰出代表，在她试图干涉我表妹的婚姻时，我问：“条件比你们家好的男孩子，人家凭啥跟你家‘互补’？人家官二代、富二代凭啥娶你女儿？”

其三，越是自己没什么本事的女人，便越是喜欢改造男人或对男人进行“高标准淘汰”，即企图通过“望夫成龙”或“择龙为婿”的方式来满足虚荣心——在自己的闺密面前显示出“我老公如何如何”

的优越感；相反，那些有真本事的女人，是通过追求自己的事业来获得成就感和满足感的，而不是通过向男人施加压力。被前一类女人忽略的一个问题是，凡是真“龙”者，都想要“凤”啊。所以，在“望夫成龙”或“择龙为婿”前，你必须先掂量一下，你自己究竟是不是“凤”呢？如果不是，这个未来的“龙”，在他成为“龙”之后，将不再属于你——凡鸟是hold不住真龙的。有不少女人认为没有赚大钱动力的男人没有事业心，没有责任心。在这些女人看来，男人的财富应该是成功的标志，也是她向同伴炫耀自己幸福的资本。于是乎，部分对赚钱并不感兴趣的男人在女人的压力下去“尽家庭责任”；但是，这些男人在“被迫发财”后做的第一件事情可能就是炒掉那个当初“逼他发财”的女人——这是压抑已久的情绪的一次大释放。这对有些女人来说绝对是一个悲哀。所以，真正聪明的女人，很少会“望夫成龙”，因为她们深深地明白，“望夫成龙”的结果，往往是“赔了夫君又折兵”。

以上种种现象，用最简练的语言概括就是：没资格矫情的，总是在那儿胡乱矫情；而有资格矫情的，绝不轻易滥用自己的特权。越是有价值的媳妇，持有成本越低。

可是，为什么偏偏是这些“最没有资格矫情的人”在矫情，而那些“有矫情的资本”的人却会“弃权”呢？也许，我们可以从主观心理的角度解释，这是因为，同一个“无理要求”，当它从不同的人嘴里提出的时候，我们对它的“容忍度”是不同的。具体地说就是，我们在潜意识里认为，漂亮的人、有才华的人、可爱的人更有资格问我们要这要那，所以，当她们真向我们提出这些问题的时候，我们不会觉得意外，不会觉得她的要求过分，甚至，我们早就等着她们向我们开这些条件了；而对于长相普通、无甚才艺的人，我们认为，她们似乎应该“先摆正自己的位置”，所以，一旦她们提出一些她们自己认为合理的要求，我们就会觉得“很过分”，甚至在心里问“凭什么啊”。双重标准。

当然，上面这个从主观角度出发的解释，并不怎么靠谱，它并不是“越丑越苛刻”规律的最关键原因。真正的根源应该在于：自身条件不好的人，往往对自己缺乏信心，但她们又特别希望自己在别人眼里呈现出的样子是“看上去很自信”。所以，她们便提出这样一些苛刻的“出售条件”，以此来自抬身价；至于有没有买家来出那个高价并不重要，真正重要的是，通过提这些苛刻的条件，至少可以让自己看上去“很不简单”。有一种傲慢，其实是用来掩盖自卑的，但结果往往是欲盖弥彰。

至于说自身条件比较好的女人，为什么相对来说对男人不怎么挑剔，这个就更容易解释了：真正自信的人，往往能够“放下身段”，可以不在乎舆论如何评价。说到舆论评价，我斗胆猜测一下：如果是贫寒之家的女子嫁给一个穷小子，社会主流价值观会说她“真傻”，因为嫁给穷小子无益于“改变命运”；但如果一个白富美嫁给一个穷屌丝，社会舆论则会称赞她“高风亮节”。对不对?

当然，有价值的媳妇娶起来便宜，并不是说，作为男人，我们自己就可以毫不努力，等着别人“送货上门”了。以“便宜的方式”搞定“有价值的媳妇”的前提是，我们自己首先要成为可爱的人。我们理当努力创造更好的物质生活条件，但这应该是责任，是爱的延续，而不是一种“核心竞争力”。

PS：

1. 本文中的观点之所以看上去“违背常识”，并不在于它是错的，而在于东方文明下的大部分男人都不能接受女人比自己聪明、文化素质比自己高、学校比自己好、收入比较高，因为这会使他们的自尊心受伤。这实际上是大男子主义情结作祟。

2. 与有些女人的“自己越丑，对男人的要求越苛刻”相比，男人就要务实得多了——除了少部分信仰“不想吃天鹅肉的癞蛤蟆不是好蛤蟆”或“吃不到天鹅肉，我宁可饿死”的人之外，大部分男人，如果觉得自身“条件”不好，对美女只是意淫意淫而已；具体到恋爱婚姻问题上，就乖乖地“降低标准”了。

3. 前段时间写一篇关于招商引资的文章，采访得出的结论是：“最看重土地、税收等优惠政策的，往往是些比较差的项目；真正好的项目，最看重的是政府的软实力。那些靠优惠政策吸引来的项目，往往投机性很强，忠诚度比较差，一旦别人给他开出了更好的优惠条件，马上就跑了。”我当时就忍不住感叹了一句：果然，又是越是没价值的媳妇，娶起来越贵。而且，凭借财大气粗娶到的，往往是“物质女”，缺乏忠诚度。因此，政府要是想长期把企业留在当地，在招商引资阶段就要“拼内涵”。

## “你为什么喜欢女文青？”“因为她们不会嫌我穷。”

话说有一天，男神聂帅找我约稿，问我可否聊聊“颜值与内涵”的话题。恰好，前一天跟朋友聊天时翻出了我在2012年春节期间写的一条“苏子[①]语录”，感觉颇有意思，于是就又发给了聂帅：

参加了几场朋友的婚礼之后，发现了一个“惊天的秘密”：通常，除了姿色之外别无所长的美女大都嫁给了高富帅、矮富丑；而知性美女除了嫁给高富帅和矮富丑之外，还有许多嫁给了高穷帅和我这样的矮穷丑。

这仅仅是我一个穷鬼的意淫吗？

聂帅可不是穷鬼，但他老人家也很喜欢这句话。聂帅做的点评是：“这就是为什么我们都喜欢女文青了。女文青，不嫌我们穷。”

想当初，在《越是有价值的媳妇，娶起来越便宜，持有成本越

① 苏子即作者，后文同。

低》一文火起来之后，骂的人特别多，但女文青则是一边倒地拥护。甚至，还有个女文青大言不惭地说："我就是作者所说的那种不要彩礼也可以嫁的。"你听那口气，简直会误会她就是要嫁给作者一样。

后来，我给几个朋友发节目预告说，要以"'你为什么喜欢女文青？''因为她们不会嫌我穷。'"为题写篇文章，有个女文青回复我说："太对了。很多男人明明内心就是这样想的，却偏偏装成另外一个样子。这就很让人作呕。其实姑娘们什么都明白。这一点，苏老师PK掉NNN多男。"

女文青，大都有良好的阅读习惯。对不少女人来说，八卦、逛街和购物就是最主要的精神生活，但对喜欢读书的女人来说，逛街和购物的需求就会下降。所以说呢，娶个女文青做媳妇儿，"好养活，省钱"，即使她不愿工作，我也愿意。

当然，我的意思绝不是说，文青就不爱钱。女文青跟我一样爱钱，但是，她们都坚持：钱是要自己挣的，而不是要别人给。

女文青也不会做钱的奴隶。她们能够正确地认识钱、利用钱。

女文青们对钱的需求是有很大的弹性的。缺钱的时候，她们能从其他渠道中得到乐趣，因而不会觉得多苦逼；有钱的时候，她们也不会搞守财奴式的节俭，而是在自己的经济能力和合理需求范围之内“挥金如土”。这真的堪称“受得了清贫，享受得了繁华”。

“穷养的女儿在结婚后，一旦掌握了家庭的财政大权，很容易对男人银根紧缩——小时候的匮乏感，使得她们很容易将财产控制权视为安全感。适当地管管是必要的，但像个会计一样整天对男人进行财务审计，便无趣至极了。”前几天，我的《穷养的女儿没人追》一文几乎是犯了众怒。但我仔细一看，评论中暴跳出来大骂的，大都没有读懂原文，因为我在文末明确补充过：“贫穷的家庭也可以诞生出‘富养女’。”贫穷的家庭能诞生“富养女”，主要说的就是那些从小家境很普通但后来成了女文青的。虽然说经济基础决定上层建筑，物质条件影响到精神层次，但女文青，哪怕是经历过物质上的匮乏，在后来的成长中，她们的素质也能够超越她们的“出身”和所处的社会阶层。

因此，有不少女文青，尽管是“穷养”的，却依然成为大家争相追求的对象。

女文青的个体意识比较发达，她们不会问男人“你能不能给我幸福”这么low的问题，她们考虑的是：“我跟你在一起会不会幸福？”“我们能不能一起共筑幸福的生活？”女文青绝不会把自己当乞丐，在她们的心目中，幸福的生活是需要自己创造的，而不是靠别人来赐予。

女文青不仅不乞求别人给自己幸福，而且她们还有野心给男人提供幸福的生活。之前，当我在一篇文章中表达了“做一个有资格吃软饭的男人”这样的崇高理想之后，大部分女性读者都对我极度鄙视，但女文青们则纷纷认为，像我这么可爱的男人，就应该被她们像宠物一样养起来。

谈点可能涉嫌“性别歧视”的感悟：从总体上讲，女人往往被认为比男人“成熟得更早”，即更早开始向操蛋的世界投降。故而可以这么说：女人更容易被流俗困扰，更容易变得俗不可耐，更容易向社会主流价值观妥协，甚至是献媚；非但如此，她们往往还推波助澜——企图协助主流价值观来“强奸”男人，将男人的理想主义嘲笑为不切实际。此外，女人越是忽略精神上的成长，则其独立性便越差，因而对男人的依赖程度便越高，也越容易缺乏安全感；并且，这样的女性，在中年之后，更加容易与儿媳妇（假如她有儿媳妇的话）“争宠”，更容易让儿子处境尴尬。但是，有一个群体或许可以成为例外，她们就是女文青。

女文青们能够与社会主流价值观保持一定距离，她们也能够以“不食人间烟火”来对抗庸俗生活中的各种无趣。跟这样的人生活在一起，哪怕聊的东西依然是人间烟火，你也会有别样的感受。

女文青更具备成为“狐狸精”的资质，这样的狐狸精，能让你在不经意间就把柴米油盐演绎成诗词歌赋。

女文青们都品位不凡，在她们那里，男人的趣味和才情才是最好的春药，而她们自己调情的才华也是男人最好的春药。

普通的良家妇女，大多独处能力很差，她们的生活是围绕着男人转的，若老公长时间不在家，她们会耐不住寂寞，跟“隔壁家老王”好上；而女文青，独处能力普遍强，她们不会因为暂时没男人就“寂寞得不行了”。

当然，我绝不是说，女文青对爱情和婚姻更专一、更忠诚。而是说，对女文青来说，性并不是刚需，她们即便是出轨，也大多是精神上的灵肉合一，而不是因为耐不住寂寞去玩“低层次出轨”。

罗曼·罗兰说：“生活中只有一种英雄主义，那就是在认清生活的真相之后仍然热爱生活。”所以，我尽管是个穷鬼，但我并不会仅仅因为别人“不嫌我穷”就蠢蠢欲动。

前几天，还有一个同学问我：“你选择结婚的对象时，会介意别人对你有物质上的要求吗？”我说：“首先，必须尊重别人对物质的正当需求。而且，假如她对物质条件有很高的要求的话，我希望她早点儿提出来，而不是跟我这穷鬼相处一段时间后再反悔。”

所以，“女文青，不嫌我穷”，只是一个必要条件，却不能成为充分条件。今天不嫌，明天还会不会继续不嫌？这是一个问题。

## 你究竟爱她的姿色还是内涵?

“有时候，我是先被一个女人的姿色吸引，然后再尝试着去关注其思想；有时候，我是先被一个女人的思想折服，然后再去了解其姿色。容貌一票否决制充分暴露了我的浅薄与轻浮，而经由‘思想淘汰制’筛选出来的感情则更易经久不渝。”

在跟一个才貌双全的女子约会的路上，我写出了上面一段话。

多年来，我常常遇见才貌双全的姑娘，大部分是在共同的学习和工作中认识的，也有两个是在网络上遇到的。我是“水性杨花”的。我曾经是段正淳的追随者，我很容易对才貌双全的姑娘动真情；很不幸的是，我屡战屡败，既如此，我便觉得自己没有对哪个人“忠诚”的义务；当然，尽管我从来未曾对任何一个姑娘“专一”过，但我无比确定的是，我对她们中的大部分都是十足地痴情。

因为我总是为她们着迷，故而，她们的出现总是给我带来很多的困惑。这些困惑，促使我思考更多的关于才貌双全的姑娘的问题。昨晚看到葛拉西安《智慧书》中的一句话："知识渊博的人很难被取悦。"我立马回想起自己两周前说过的一句："最难对付的就是那些才貌双全的女孩子——如果你只称赞她漂亮，她会认为你不懂得欣赏她的内涵；你说她才貌双全，她又谦虚地说'不敢当不敢当'，或者说那是你的花言巧语，只是想勾引她，不是真心。"

我可以武断地说，这个世界上的大部分美女都不是才女，大部分才女也不是美女。可是，很凑巧，我所熟知的美女，大部分都是才女；与我相熟的才女，又几乎全部都是美女——即便不是国色天香，最起码也都是8.5分。怎么就会这么巧呢？或者说，我怎么就会如此"幸运"呢？——殊不知，初次印象下的"内涵一票否决制"（况且，我并不具备火眼金睛），使我错过了多少美女啊！更遗憾的是，第一眼的"姿色淘汰制"，又使我错过了多少次结识才女的机会啊！

起初，你只不过是被她的姿色吸引；稍微一接触，无意间发现她的内在比外在更加迷人，你越了解她，便越迷恋于她的知性美；久而久之，你还真以为自己爱她是因为她的知性，却早已忘记自己当初只不过是贪恋于她的美貌而已。极有可能，即便是她不够聪慧，你依然会喜欢上她；所谓"她确实很有内涵""她秀外慧中"，这可能仅仅是你为自己的好色寻找出来的正当理由而已——决定早已做出，事后再论证其合理性。

或者，你是先在陌生的世界里读了她的文字，被她的才气吸引，进而对其产生好奇心；稍微一接触，你无意间发现她人也长得漂亮，然后才突然间为之心动；但你还是认为，真正打动你的是她的才华，而绝不轻易承认最终使你“拍板”的恰恰是她的容貌。当然，也有可能，即使她并不漂亮，你也会为之心动，唯有如此，你方能确定你爱的纯粹是她的才气——倒不是说你不爱她的姿色，而是她实在无甚姿色可供你迷恋的。

倘若你诚心爱上了一个很有内涵的姑娘，却同时也承认她并不漂亮，此时，你便会着眼于修正自己的审美观，使之与现实相适应——此举旨在弥补自己心中的那一点点缺憾，甚或是些许的不甘心。或许有人认为这是一种“自欺”，但它并不是“欺人”，并且它也是很有价值的自欺。

如果你是先被一个人的内心世界所散发出来的气质给吸引了，而TA又长得比较普通，你是很容易通过修正自己的审美观把TA那普通的相貌诠释成一种独具一格的帅或漂亮的，时间久了，你就真的被自己给洗脑了。但如果你是先被一个人的外貌吸引了，则你无论怎么努力，也不可能把TA内心的空洞（如果真是这样的话）解释成丰富——当然，如果你有足够的耐心，或许是可以逐步从TA身上挖掘出一些味道的。

为什么面对才貌双全的姑娘时，我们总是更加乐于急着声明自己更看重的是她的内涵，而不太敢轻易承认我们爱她们是因为她们长得漂亮呢？尽管面对大多数的才貌双全者时，即便你只夸她长得漂亮而佯装没看出其内涵，她们还是会高兴一下的；但是，倘若你能称赞她们的核心竞争力在于内涵而不只是外表，那她们会更开心的。何也？因为懂得欣赏姑娘内涵的男生的数量总是远远少于只会欣赏姑娘姿色的男生。换句更尖刻、更难听的话就是：有内涵的男生的数量总是远远少于浅薄之徒的数量。自然而然的结果是，姑娘们每天都会听到无数人夸她长得漂亮，刚开始，姑娘听了很开心，听得多了，也就麻木了，没有最初的那种得意和满足感了——此即经济学上讲的“边际效应递减”。偶尔，姑娘突然遇见有个别男生不但能欣赏她的姿色，且更加能欣赏她的内涵，姑娘当然会更开心了——聪慧的姑娘往往有一种鹤立鸡群的孤独感，因此，她们很需要能懂得欣赏她的内涵的男生（当然，这种需要不全是爱情，更多地在于“不同寻常的友谊”方面的需要）。但这种男生的供给量总是赶不上需求量，因此“我更爱你的内涵”便显得更有价值了。

关于上一段开头提出的问题，还有一个答案：我们在潜意识中总是倾向于认为，偏重于爱内涵是崇高的，偏重于爱姿色是浅薄的。不过，也许前者只是一种“崇高的虚伪”或“虚伪的崇高”，而后者则是一种“浅薄的真实”或“真实的浅薄”。

在一个姑娘才貌兼得的情况下，你已经很难判定真正使自己为之折腰的究竟是她的姿色还是她的才气，或者自己究竟更爱她的才气还是更迷恋于她的美貌。我的表弟曾跟我说：“姿色，乃是气质的前提。”当时我觉得这句话说得很对，跟几个朋友提及，他们都非常赞同；后来，在赵焰所著的《晚清有个李鸿章》一书中又看到“一个人的气质，就是他的内心世界”，觉得这句话更对了。仔细对照跟我关系最密切的那一批人，果然如此，气质就是他/她的内心世界。

我知道，不少人看到这篇文章后会义愤填膺地质问我：“不要对姑娘如此挑剔，先看看你自己是个什么样子！”好吧，我承认，我自己并不是啥好货色；但是，即便我是癞蛤蟆，我也是要吃天鹅肉的。我尽管水平不咋地，但绝不允许自己的品位太差劲。不想吃天鹅肉的癞蛤蟆不是好蛤蟆——否则，你就等着创造个癞蛤蟆二代出来吧。

或许，会有姑娘或个别极富正义感的男同胞恼火地问我：“美貌和内涵，对女人而言可能如你所说，可对男人又是怎样的呢？为何避而不谈？”好吧，我这样做不客观、不公正。我承认，我对女人抱有更浓厚的兴趣，对男人“不太感冒”。对男人评头论足的话，还是由女人来说更有意思一些。

PS：

当我莫名其妙地对某个女人产生好感的时候，为了说服自己这种好感不是头脑发热、空穴来风，我便开始从她身上找优点，甚至是把某些普通特质也诠释成优点。事实上，这些刻意找出来的莫须有的或者被放大的所谓“优点”与feeling之间根本不存在引起与被引起的关系，即便她不具备这些优点中的任何一条，我也会对她动心的。是我先对她动心了，然后她才“有”了这些优点，而不是因为她“有”这些优点我才对她动心的。“情人眼里出西施”与这个逻辑是完全不同的——“西施的优点”是“情人”感觉出来的，而不是刻意找出来说服自己的。

## 有文化品位的女人才不会问“你一个月挣多少钱”

凌晨1点半，一高中同学酒醉后打电话过来，正好，我当时正在网上听讲座，还没有睡，就聊了几句。他听说我上个月换工作了，就问“一个月工资给多少”（但并没有问到工作内容和我的感受等具体情况）；他还问“你在江苏买房子了没有”“多少钱”；他还叮嘱我要注意收敛自己的锋芒，处理好人际关系。

打头的话题就是这个，让我感到相当尴尬和压抑——这还是当年那个让我羡慕不已的博学之士吗？

我上大一那年，他还在高中复读，但我常常给他写信，寒假回家后还去学校找他。那年头，我们有着说不完的共同语言，尽管现在回头想起来当年聊的东西都很naive。可今天，他刚开口说的几句话，恰恰是我多年来最不感兴趣的东西。

我对房价话题的厌倦，始于五年前，那时，我曾在一篇日志中写道："这几年，你从一个地方到另一个地方，和熟悉或不熟悉的人在一起时，话题总会有意无意间转移到房价上面。当然，谈论房价，未必等于关注房价，不是因为想在这个地方买房子，甚至也不是对这个地方的房价或经济动态感兴趣。事实上，谈论房价已经成为一种交际/交流的方式，谈论房价已经成为一种没话找话的事情，当几个来自不同地方的陌生人碰到一起想套套近乎但又找不到共同语言的时候，就会讨论房价——绝不打算在A城买房的人在问A城房价多少，绝不打算在B城买房的人在问B城房价多少。讨论自己并不关注的房价，已经成为与'你吃了没'相同性质的问题！"稍后一些时候，我还补充道："谈论自己并不真正感兴趣的某市房价、在饭桌之外谈酒量，是无趣人类最后的避难所。"

我相信，同学也是真正关心我的生活状况，但不幸的是，他所关心的，是一个连我自己都不关心的问题，因此，我不知道该怎么说了，突然间没有了对话的热情。看来，这对话是无法进行下去了，我就随便搪塞了几句。

我深深地理解，也不能完全怪同学"变了"，而是生存压力实在太大了，很多人都不得不更关注一些现实的、也"更有用的"问题。但不管原因是什么，跟一个曾经关系相当密切的朋友失去共同语言，总归是一件让人无比心痛的事情。为此，我失落了好久，次日，一整天都在想这件事。

太现实、太有用的话题，往往无趣，这是我多年来的深刻体会。

几年前，我曾经写过一篇日志，标题就叫“那些‘无用的’事情给你带来无穷的快乐，而‘有用的’事情却增加着你的烦恼”。当时，是Z同学觉得工作压抑、生活压力大，给我打电话。他说：“我现在已经不知道自己对什么感兴趣了，也不知道自己该学什么，做什么事情都缺乏热情和动力。”我说：“你倒也不是不知道自己的兴趣所在了，而是没有心思考虑自己真正喜欢的事情了。你还记不记得高三时的情形，一个冬季的早上，咱们俩一起逃课，然后躲到我们房东家的楼顶上，胡乱聊了一上午？聊什么呢？我们在聊空泛的国家大事，国内国际政治经济形势。现在回想起来，当时讨论的问题真是幼稚、无聊、可笑，与我们的生活八竿子打不着，纯属扯淡。但是，那些胡扯出来的尽管无用，毕竟也给我们带来了无穷的快乐。”Z同学也说，那时候虽然很傻却很快活。我接着说：“但现在不同了，你大学毕业了，眼看父母一天天老去，自己的担子越来越重了，还有心思去扯淡吗？当然，我所说的扯淡不一定是去扯国内国际政治经济形势了，而是包括任何‘不能创造价值的事情’。更要命的是，你要娶媳妇了，你得拼命赚钱买房子。当然，我知道，你媳妇是个好媳妇，她并没有坚持‘房子一票否决制’，但你是个好男人，你不忍心让你媳妇跟着你受委屈，你还是得把所有精力都耗在那些赚钱养家的事情上面。可是，有时候，你越是把更多的精力都投入在‘有用的’事情上面，你的烦恼便越多，毕竟，真正能带给我们快乐的还是那些‘没用的事情’。”

这段话引起了Z同学的强烈共鸣，他说：“你太潇洒了。”我解释说：“当然，我之所以现在心态还比较好，还能保持高度的学习热情，还能坚持做‘无用的事情’，可能是因为我现在尚未面临你那么紧迫的任务——我还不用急着考虑买房子娶媳妇，当然，也不是我不愿意娶媳妇，而是确实无人可娶。既然还无人可娶，那我给谁买房子啊？很多时候，未雨绸缪不过是杞人忧天、徒增烦恼、庸人自扰而已。于是乎，我便没有觉得有多少压力了。”（过去的几个春节假期，我在跟一些同学碰头时发现，某些原本活泼有趣、能说会侃的孩子，自从结了婚以后，尤其是自从当上房奴之后，便如同坐了牢一般，变得死气沉沉，整天一副愁眉苦脸的样子，连吹牛的功力都没有了。）

那次，Z同学还问我：“那你理想中的媳妇是什么样子呢？”我的答案就是：她不要逼着我去做“有用的事情”（泛指一切能赚钱却未必能带来快乐的事情），能够给予我“胡乱扯淡的自由”。人生得意须尽欢，最理想的一种媳妇就是，她能“陪着我胡乱扯淡”。媳妇，我所欲也；扯淡，亦我所欲也。二者不可得兼，舍媳妇而取扯淡者也。

这段包含了“择偶标准”的话发出来之后，我的高中同学王启璇在评论里面补充道：“贾宝玉喜欢林黛玉而不喜欢薛宝钗的一个重要原因就是，林黛玉可以跟他聊一些无用的东西，而薛宝钗常常在他面前讲一些仕途经济之类的‘混账话’。”彼时，我尚未读过《红楼梦》，不知真假；后来在读原著的相关章节时，立马就想到了王同学这句话。

我想起大三上徐珂老师的《社会学导论》时，他老人家教导我们说：“建议在座的男生，以后找老婆的时候，一定不能找那种太关心你职称和收入的女人。如果你回家后，老婆对你说：‘人家都讲师了，你怎么还是助教？’‘人家都副教授了，你怎么还是讲师？’‘人家都教授了，你怎么还是副教授？’或‘工资发了多少？交出来！我姐夫一个月挣八千块，你怎么才挣五千块？’遇到这种问题，你会郁闷死的。”话说，我一直认为，女人望夫成龙不是一件明智的事情，因为，被逼成功的男人在飞黄腾达之后，首先做的事情往往就是换老婆。

“不仅要多读无用之书，而且还要做一个无用之人。”我常常跟朋友这样说。读无用的书，能从中得到真正的乐趣，有助于保持平和的心态——不烦躁、不寂寞、不无聊。有用的书读得越多，人越容易浮躁，精神越容易空虚。

我也希望，朋友跟我聊天的话题主要是一些无用的东西，而不要太过于停留在“一个月挣多少钱”这个层面上。当然，我这样是要被某些人鄙视的。

“你一个月挣多少钱”“你买房子了吗”“月供多少”这些低级的问话，会断送我对对方的好感和交流的愉悦，一个有文化品位的女人绝不会这样问。我希望我的她，关注我的内心多于外表，在乎我的人品甚于物质，能够在精神和志趣上与我达到统一，甚至，我乐意高攀她精神上的优秀，那将是我的幸运和幸福的开始。

## 复旦女生：你将来拿什么来养我？

跟一个在复旦大学做辅导员的兄弟聊天，一件事情让我感到非常震惊。该兄弟班上（大三）一个男生（该男生的经济实力并不怎么样）追求同班女孩子，那女孩拒绝的言辞赤裸裸：“你将来拿什么养我啊？”

这个“物质女”赤裸裸的拒绝理由不仅让当事男生受伤，想必不少闻说此事的局外人也会愤愤不平地谴责这个“物质女”吧？

如果这种拒绝台词出自一个“步入社会的女人”口中，我们应该都能够表示理解。尽管社会上的婚姻和所谓“爱情”几乎都要建立在物质条件的基础上，但我们通常总认为大学校园里的爱情应该是绝对纯洁的，校园里女生与男生恋爱时很少考虑到对方“将来拿什么养我”这类问题。即使说女生会在长辈的熏陶下有这种考虑，也绝少会明目张胆地把男生的经济状况不佳作为拒绝他的理由。所以，当“你将来拿什么养我啊？”这样赤裸裸的拒绝台词出自校园女孩的口中时，我们感到非常震惊。

想必不少旁观者在谴责这个所谓“物质女”的同时都有点同情那个被拒绝的男生吧——不是因为他被拒绝而同情他，而是他得到的拒绝理由太赤裸裸。其实大可不必，我反倒为那个男生感到幸运。假如现在这个物质女“被爱情冲昏了头脑”，接受了他，甚至几年后有了婚姻，而婚后这个“物质女”开始“原形毕露”，逐渐对这个男人的经济状况不满，再闹离婚，那岂不是对这个“没能力养女人”的男人打击更大？ 所以，这个男生在第一个环节就被淘汰，实属幸事一桩。

另外，我也认为，应该被同情的对象不是这个被拒绝的男生，而是这个有着“很现实”爱情和婚姻观念的女生。尽管没有物质是万万不能的，但物质条件对爱情、婚姻、个人幸福的作用却常常被夸大了，尤其是被我们的“准丈母娘”们给夸大了。

我们的“准丈母娘”们往往认为让她们的女儿高攀到富家弟子是比考到好大学、找个好工作更加高效率的获取幸福生活的捷径，因此用这种自认为“经过实践、多次检验的理论”教育她们的女儿。悲哀的是，这些“准丈母娘”并没有意识到，或者说假装没有意识到，她们想高攀的对象往往对她们有某种程度的歧视和偏见——事实上，即使一个出身贫寒人家的女孩选择与富家子弟结合完全是因为爱情，与物质并无任何关系，男方家庭也往往怀疑女方是图他们家钱财。当富家子弟与这些“准丈母娘”的漂亮女儿热恋的时候，那种爱的冲动和激情可以使得他们家暂时不质疑“准丈母娘”的“企图”；但是，一旦蜜月期结束，男方，尤其是其父母便逐渐开始冷静，他们不断质疑儿媳和亲家母的动机。在往后的生活里，他们可能长期瞧不起儿媳和亲家母。

这些丈母娘，当初把女儿嫁入“好人家”时沾沾自喜，向好多亲戚朋友炫耀，哪知道换来的是她们自己和女儿被人家看不起。对于婚姻的幸福而言，人格和尊严上的平等绝对比家产重要，这个道理，那些“准丈母娘”及其女儿并不是不懂，而是经不起现实的诱惑。或者说，她们有时候要高攀豪门，也并不是自己的真实追求，而是为了炫耀，为了追求另外一群俗人眼中的幸福标准而已。

我相信，绝大多数男人还是更珍惜与他一起白手起家、同甘共苦的糟糠之妻，而不是等着坐享其成的女人。尽管现实中也确实有好多男人在有钱之后抛弃原配的，但并没有数据显示抛弃糟糠之妻的男人数量比抛弃坐享其成的女人的男人更多。而且，我敢断定，男人在“抛弃糟糠之妻”的时候会有很强的内疚之情，而抛弃“物质女”时绝少有内疚之情——通常都会骂“这个俗气的贱女人”。因为男人与共同奋斗过的糟糠之妻分手的原因往往是无法有效沟通，而抛弃“物质女”的原因往往是她已经不能激发起他的性欲望——男人其实很珍惜与糟糠之妻的感情和心灵交流，但与“物质女”的交流主要还是体现在情欲方面。

另外，尽管依照中国古代的伦理和法律，男人在休妻方面享有很大自由权的“七去”，但是还规定了“三不出”，其中有一条“前贫贱后富贵”（指丈夫娶妻的时候贫贱，但后来发达富贵了，丈夫不得提出离婚）就是保护糟糠之妻的权利的。现在呢，糟糠之妻被男人抛弃之后至少还能赢得旁观者的同情，而“物质女”在被男人抛弃之后，人们往往说“活该”。

各位被地产思想家冯仑誉为“推动房价上涨主因”的未婚女青年（其实冯仑这个说法不准确，冤枉了部分女青年），你认为做糟糠之妻与男人共同奋斗更能获得幸福呢，还是坐享其成等着“男人养你”更能让你幸福呢？

## 公司破产，丈母娘小舅子一致要求老婆离婚

2010年年底的一天，约瑟夫非常惋惜地告诉我："常永胜的公司今年由于扩张太快，资金链断裂，现在破产了。"我立即说："虽败犹荣。"

常永胜是约瑟夫的一个朋友，我第一次知道这个人是在2007年听约瑟夫说的。常是非典型80后，2000年在某中专读书时因顶撞老师被开除，自觉无颜见家乡父老，遂"神秘失踪"。最高学历只有初中的他，刚开始在北京生活极其艰难，因没钱买菜而捡人家剩下的方便面调料用来泡馒头，也捡过人家抽过的烟头。不过，当数年后家人联络到常永胜的时候，他已经是个小民营企业主了。

我2008年在约瑟夫处见过常永胜，了解到他做生意的一些经历，尽管他公司很小，那时资产也不多，但他的商业模式真是让约瑟夫和我由衷地佩服和赞叹：常永胜在经营地板的过程中，自己控制了品牌管理、产品设计、原料采购、仓储物流、订单处理、批发经营、终端

零售几个关键环节，唯独将最不赚钱的加工制造环节给外包出去了，全然一副国际知名品牌公司的做派。相对于国内大部分制造型企业为他人作嫁衣裳而言，常永胜确实表现出了商业智慧。我想，如果那个天天喊着“6+1”和产业链整合而自己却无机会实践，或者即使他亲自实践了也搞不出个“6”来的郎咸平教授得知有个初中文化程度，甚至不知道郎咸平是谁的家伙居然做到了这一点，说不定会感到羞愧呢。

常永胜刚创业那两年，形势特别好，他很快就在天津买了房子和车。但好景不长，到2010年下半年，由于扩张太快，导致公司破产了。他卖掉房子和车还债，可是还欠一百万。在他最困难的时候，丈母娘和小舅子落井下石，强烈要求他的老婆跟他离婚。他这个小舅子，原先还在姐夫的公司里打工呢！常永胜还欠了他丈母娘家十万多的债，于是，丈母娘等人就将他软禁在内蒙古的赤峰：钱还不清，就不让你走人！可是，你把人都软禁到这里了，让他上哪儿弄钱去呢？常永胜的老婆跟老公一条心，她背叛了娘家人，偷偷地把常永胜给放走了。

下面是约瑟夫当时和我的对话：

约瑟夫：常永胜来昆山了，负债一百万，却还是面带微笑，极度乐观。他准备在昆山找一家地板厂从头再来。

苏清涛：常永胜穷困，但不潦倒。我们往往把“穷困”与“潦倒”这两个词连在一起使用，这是荒唐的。

约瑟夫：永胜他老婆娘家人逼他老婆和他离婚，这些事虽然没发生在我身上，但我还是感到心酸。

苏清涛：你的辛酸不仅仅是为永胜，而且是为另一个自己——商界变幻莫测，你往往能从黄光裕和永胜的跌宕起伏上看到自己未来可能的人生曲线。兔死狐悲。

约瑟夫：永胜已经同意离婚了。

苏清涛：等永胜东山再起的时候，让他丈母娘慢慢地后悔去吧。

约瑟夫：唉，人就是这么现实。

苏清涛：“现实”，不仅仅是“势利”的意思，在这里的真实含义是：愚蠢，有眼无珠。哪一天永胜东山再起了，他的小舅子将会为自己的有眼无珠感到羞愧。

约瑟夫：不要跟小人计较。

苏清涛：我倒是非常赞赏永胜同意离婚的态度，若男人在自己“落魄”之时不同意女人离开自己，这有点不人道。如果我处于这种情况，会主动提出离婚的。但如果这种毫无温情可言的要求由女方提出，则是另一个问题了：女方在男人事业低谷时提出离婚，与男人在女人人老珠黄时搞外遇，是同样的“思想境界”。

当然，在这种情况下，女方及家人提不提离婚，并不完全是小人或者不是小人的问题。在男人事业处于低谷时，女人及丈母娘常常有三种可能的选择：A. 不忍离弃，即使看不到他有东山再起的可能，仍然坚守；B. 不离弃，但不离弃的原因只是“相信他会再度崛起”而非“不忍”或类似的感情，那此时的“不离不弃”与道德和操守毫无关系；C. 强烈要求离婚，因为看不到他有重新崛起的可能。其实B情况下的“不离弃”与C情况下的强烈要求离婚，乃是同一种德行的两种不同表现而已——前者只不过没有后者那么愚蠢而已。

若婚前丈母娘一方对准女婿的标准是“非‘潜力股’不可”，这与“非现成大款/富二代不可”的标准并无本质区别，亦是同一种德行的两种不同表现而已。当然，选择“潜力股”的女人及丈母娘毕竟更聪明一点，而且她们这种行为也增加了那个“潜力股”的自信心，因此她们这种“非典型物质女”往往容易被宽容和理解。

这样说势必有好多人谴责我是“站在男人的立场上说话”。固然，女人及丈母娘可以认为男人在遭遇不测、陷入困境、一无所有的时候没有资格要求女人仍能对他不离不弃，但这是否也意味着丈母娘没有资格反对女婿在飞黄腾达后抛弃她的女儿呢？

我忍不住想质问一下准丈母娘们：你们往往很看重准女婿的才华、能力和事业心，但如果他的才能和事业不可能带来财富，那在你们眼中究竟算不算才能和事业呢？

准丈母娘们，一旦你们以准丈母娘的角色出现，没有几个愿意让自己的女儿嫁给穷光蛋的，你们通常都认为只有“条件好”的男子才有资格娶你们的女儿，但如果那个开始“条件好”的男人在娶了你们的女儿若干年后“条件变差了”，他是不是就应该离婚呢？尊敬的准丈母娘们，你们中的不少人同时也可能以准婆婆的角色出现，你们“摇身一变”，希望别人家的女儿不嫌弃自己儿子“条件不好”，希望人家做自己穷儿子的“糟糠之妻”。

在你们看来，准女婿的爱情必须（或者说通常情况下是必须）以经济条件（权势可弥补）为前提，儿子的爱情不应该受经济条件的制约；女儿有权“物质”，准儿媳妇最好不要“太物质”。母亲们啊，当你们以准婆婆的身份出现时，与以丈母娘的身份出现时所表现出的竟然是两副完全不同的嘴脸。

当然，我并非对丈母娘充满敌意，我并不会像众多的男人一样对丈母娘们进行道德谴责，我只不过认为丈母娘们往往太精于算计，而缺乏理性思考能力，缺乏一种受人尊重也利于她们女儿幸福的智慧。

发自内心地讲，我非常害怕本文中的某些观点得罪了未来老婆及丈母娘，于是我忍不住声明一下：我对丈母娘们的评价力求客观公正，不只针对某个具体的丈母娘，不仅仅针对我自己的准丈母娘，也包括我妹夫的丈母娘——我从来不认为丈母娘们比母亲们更加“势利”。母亲们，丈母娘们，好多情况下你们对女婿提出的“无理要求”，连你们的女儿与儿子也不怎么认同——当自己的孩子都“吃里爬外”的时候，你们真的要好好反思一下了，有则改之，无则加勉。

## 后续故事：

最初写这篇文章是2010年。2013年3月份，我在西安再次见到了永胜，情况又发生了变化。

破产之后，常永胜还在新疆的装修公司打过工，其实是想接近终端用户，做一下关于地板的市场调研，打工只是个幌子而已。在经济最拮据的时候，2011年年底，他还在天津的码头做过一段时间的搬运工，直接从集装箱上卸货，收入差不多每个月八千多元，但特别辛苦。

困难的日子终于挺过去了，2012年，永胜到了西安，重新在地板和装修行业站起来了，并且注册了自己的商标。截至现在，他的债务已经从一百万元减少到了三十万元。永胜还弄了个台球室作为副业，由他老婆一边带孩子一边经营，每个月净收入有八千到一万元，为主业补充一些流动资金。

谈起这几年经历过的跌宕起伏，永胜显得很平静，波澜不惊。我还对他说：“以后，在狂妄自大、自负的时候，你不妨想想当年风光的时候，然后便感慨‘流水落花春去也，天上人间’，这样，人就谦虚下来了，更加务实了；当你失落、绝望的时候，就想想自己当年捡人家方便面调料的岁月，这样一想，自信心就来了。”

永胜能走到今天，还有一个很重要的原因——他有一个伟大的老婆。永胜的老婆，不仅人长得漂亮，而且还是个坚定的爱情至上主义者。刚认识她的时候，永胜只是一家地板厂的仓管员，月收入一千多元，是个名副其实的“搬砖屌丝”；而他老婆，则是客户公司的一个销售代表，月收入八千到一万元，按照七八年前的工资水平，她也算是个白富美了吧。按照“社会主流价值观”，永胜跟他老婆在一起，明显是“高攀”了吧。更难得的是，永胜上次破产后，尽管母亲和弟弟一致要求她跟他离婚，但她对他不离不弃。爱情，是真能够给人力量的。

## 智商和情商越低，越容易审美疲劳

我的个人微信上，加了好多粉丝，最近，联系人的总数将近五千人了。为了腾出一些空间，我决定删除一些“无效好友”——我能断定，肯定有好多人因为无法忍受我的长期刷屏，把我删除了，但微信的通讯录功能实在太扯淡了，别人把我删了，如果我没删他，那么他仍然是我的“好友”。

我倒并不介意别人删我。其实，看到那些经常提毫无价值的批评意见的人、写很无趣的评论的人，我倒是鼓励他们删我。让我不爽的是，明明已经把我删了，没必要继续互动的人，却依旧占据着我宝贵的“好友配额”。因此，我倒是希望，他们直接拉黑我，这样，他们就不会继续出现在我的通讯录里了。于是，我通过“微商猎手”检测，把这些“单向好友”筛选出来，然后清理掉。一共两三百人吧。

在清理的过程中，我发现一个很有意思的现象：删掉我的，要么是一些从未说过话，我对其没有深刻印象的人；要么是一些只跟我说过一两句话，我就觉得“这个人好没意思”，懒得继续搭理的。反而是那些很牛×的、“我舍不得失去又担心他们会删掉我”的人，基本上都没有删我。

简而言之，不牛气的人早已无法忍受我了，而牛气的人却还在继续享受着我的刷屏。当然也有例外，也有一两个牛气的人，瞧不上我，删了我；或许，还有几个牛气的人屏蔽了我吧。但这并不“影响大局”。

当然，不管是继续粉我的，还是受不了我的，当初，基本上都是他们先加的我；如今，有的人主动抛弃了我。似乎是，不牛气的人，早对我审美疲劳了；而牛气的人，却依旧爱着我。尤其是，四五年过去了，那些足以成为我的偶像的“粉丝”，依然跟我保持着密切联系，压根儿没见他们对我审美疲劳。

在过去的几年里，我在冥冥之中一直有一个信念，“智商越低，越容易审美疲劳”，但苦于论据太单薄，不便写出来；现在，总算是偶遇了一个新的论据。

最初悟出这个观点，当然从爱情的角度说的。大概是说“恋爱热度”吧。

在恋爱中，为什么有的人对对方的激情能持续特别长的时间，而有的人则是，无论对象是谁，他都只有三分钟热度呢？难道是，后一种人比较倒霉，每次遇到的对象都不行？或者，是他的标准太高，谁都无法真正满足他？不是，关键是因为他自己根本就不具备爱的能力！

爱无能的人，究竟有多差劲呢？他们智慧不足、思维僵化，缺乏持续从伴侣身上发现并感知新鲜之处的能力。真正具备爱的能力的人，不但能持续地发现和感知伴侣身上的新鲜之处，而且还能成为伴侣的正能量，将对方带往更高层次；他们还有强大的自我洗脑能力，带着爱的眼光去认知伴侣，并将伴侣身上的普通特点甚至缺点都解释成优点，成功说服自己更加爱TA。而那些爱无能的人，在短暂的激情结束之后，只能感受到伴侣的索然无味，因此出现审美疲劳。

现在，我们再来讨论一下，如果你很容易觉得伴侣索然无味，“第一责任人”究竟是谁？

这些容易“审美疲劳”的人，在恋爱期间，一般跟恋人聊什么？无外乎自己一天吃了什么、好不好吃、吃了多少、有没有发胖的危险、胖了你是不是依然还爱着我，跟同学/同事闹别扭了，被七大姑八大姨催婚了，等等。我这么说势必会让N多情侣感到不愉快，因为他们自认为在热恋期间也常常口吐妙语。是的，恋爱的确使我们在语言上的创造力被激发出来了，我们说出了生平能说出的最精彩的话；但是，恋爱期我们也说出了生平最多的、最无趣的废话！

毫不奇怪的是，在热恋期，我们总是能够对那些本来很无趣的废话充满热情。倘若今天吃了什么、好不好吃以及看见朋友穿了什么、好不好看这样无聊的话从其他人嘴里说出来，我们可能觉得索然无味，恨不能双耳失聪；但当这样的话从恋人嘴里说出来时，我们总是饶有兴致（不是装出来的哟）并且听得津津有味。总之，从对方嘴里说出来的任何一句话都是那么可爱——哪怕在一个客观的冷静的第三者眼中，那句话一点儿个性也没有。同样，你明明知道TA本来对足球不感兴趣，却还是很兴奋地把你喜欢的球队获得胜利的消息告诉TA；而TA，尽管不能理解你的喜悦究竟从何而来，却还是愿意分享你的喜悦。或者说，即便TA没心思听你玩魔兽的体验，却还是装出一副很感兴趣的样子，只是为了不扫你的兴。你只不过给TA复述了一条新闻，TA却觉得你讲得比金庸、琼瑶的小说还有魅力，而实际上，你的水平连CCTV的新闻主持人都不如。

不少爱情，从一开始，直到最终结束，都是在“没有共同语言”

（无趣）的状态下维持的。只不过，刚一开始，尤其是在蜜月期，这种“没有共同语言”（无趣）的危机被那种“过热”的感情给掩盖起来了。而长期勉强自己用心聆听对方说一些我们并不感兴趣的话，是很累也很无趣的；当我们很喜悦地把自己感兴趣的事情讲给对方听，希望能引起共鸣，而对方没有我们期待的那般兴奋，我们才发现自己真是“自讨没趣”。渐渐地，我们开始（这个“开始”大多数在婚姻之后，也有一部分是在婚前就开始出问题了）既不愿忍受对方的无趣，也不愿意让对方看到自己的无趣，于是，我们相互之间再不怎么说话了。这种“沉默型”的爱情或者婚姻，很少有“无声胜有声”的效果——沉默并不等于默契。

这种沉默，往往被解释为“审美疲劳”。其实，真正使我们感到疲劳的并不是美。疲劳，是因为发现了自己的无趣；沉默，是因为我们讨厌面对自己的无趣！长期的沉默，将使我们变得更加无趣。这个时候，危机就逐渐来临了。

与对现任伴侣的“审美疲劳”相对应的是，这些人往往也很容易快速地对“新欢”产生激情。可是，这就意味着新欢一定比旧爱强吗?

人们之所以经不起“新欢”的诱惑，认为新欢比旧爱强，最关键的原因是，TA总是拿着“新人”带给自己的新鲜感跟现任的“食之无味”做比较；几乎可以肯定的是，在这个缺乏理性的比较中，现任是必输无疑的。

可实际上，这种比较，对现任来说是很不公平的：你跟任何一个对象的关系，随着岁月的流逝，到最后，都会进入“审美疲劳”的尴尬——你在跟现任初相识时的feeling是90分，到现在feeling降低为60分；就在这时，新的对象出现了，尽管TA只激起了你80分的feeling，尽管这个“新的对象”带给你的恋爱热度远不如现任在当年带给你的那份魂牵梦绕，但你还是忍不住地想离开现任而选择“新人”。（我们只看到了80分高于60分，却忽视了另一个问题——这个80分，低于那个曾经的90分。）

可是，你是否考虑过，在经历过相同的时间后，自己对“新人”的feeling会从80分降低到50分呢？你对这两个对象的比较，并不是基于“同等条件”，结果，你最终稀里糊涂地放弃了那个起点和终点都比较高的现任，而选择了起点和终点都相对偏低的“新人”。（这里的“高低”，仅指feeling的强弱程度，与当事人素质的优劣无关。）

是的，大多数人在偏向新欢、放弃旧爱的时候，就是这么愚蠢。这个蠢，就不仅仅是智商低那么简单了，而且，情商也特别低。

曾经有一位读者问我："你对女人的感情能持续多久？"说实话，当时，我的第一反应是：这个问题好愚蠢，提这个问题的人也很愚蠢。你向一个智商、情商俱高的我问这种问题，你找错人了吧？而且，她先入为主地认为我跟那些很容易对别人审美疲劳的蠢货是一样的，这也让我很愤怒。

后来，冷静下来，我又开始有点同情她了——或许，她之前接触或听说过好多智商和情商俱低的人，所以形成了错误的思维方式。

## 为什么说“穷养的女儿没人追”？

微信公共平台“南周知道”发了篇文章：《为什么穷女孩容易被甩》。作者先以自己的圈子里“三个穷女孩被甩”为引子，然后又结合文学影视作品中的故事，说“穷女孩被甩，并非个案，而是某种普遍性的现象”。

文章写道：“电影《致青春》中，在男女主角正你侬我侬热恋时，陈孝正却抛弃了郑微，他准备出国留学去了。严格意义上讲，郑微家境尚属小康，算不上穷女孩，但跟竞争对手（校长的女儿曾毓）相比，她就是个‘穷女孩’。在陈孝正看来，郑微对自己一心想打造的大楼不仅没有什么帮助，还可能拖累自己。可事实上，陈孝正并非是近十年来才有的人物。在路遥的中篇小说《人生》里，高加林可谓陈孝正的前传。与乡下穷姑娘刘巧珍的关系一确立，高加林就后悔了：‘他甚至觉得他匆忙地和一个没文化的农村姑娘发生这样的事，简直是一种堕落和消沉的表现，等于承认自己要一辈子甘心当农民了。’高加林选择了官二代黄亚萍，‘为了远大的前途，必须做出牺牲！有时对自己也要残酷一些！’”

作者最后写道：“穷姑娘常被抛弃，这不仅是爱情问题、道德问题，实际上还是个根深蒂固的社会问题。强者通吃一切，在这样的机制下，爱情便成为一种利益抉择。在我们这个时代，还会有源源不断的高加林和陈孝正，还会有无数个心碎的郑微和巧珍。”

但我在最初看到这篇文章的标题时，却没有从“选择谁对前途更有利”的角度思考。我想到了高中某同学的一句话：“穷养的女儿没人追。”

穷养的女儿没人追，这背后有个典故：

2013年3月份，我在校内网上发了一段话：“在网上找衬衣的时候，发现有一件的颜色跟女神身上的衬衣颜色是一样的，很令我心动，准备买下来，然后穿着这件衬衣突然出现在她身旁。可是，买不起啊——其实，也不贵，230元而已。人穷了就是麻烦，一个小小的愿望也满足不了。以后如果生了儿子，一定要富养，让他追得起别人家妞；如果生了女儿，尽量穷养，让别人追得起。”最后半句，真是打动了无数“穷鬼”，他们在转发的时候，纷纷加上批注：“业界良心！”但一位高中同学回复道：“你错了，穷养的女儿没人追。他们都跟你一样，喜欢追白富美！”

石破天惊啊！

仔细盘点我自初中以来喜欢过的女生，挑选出其中留给我印象较深，并且也对我影响较大的几个，结果发现：知性、活泼、漂亮，这是她们几个最明显的共同点，这也是她们之所以吸引我的原因；同时，她们几个又都是清一色的白富美！

我自己就是个根不正苗不红的穷矮矬，可我“竟然也敢”喜欢白富美！并且自己曾经喜欢过的女生还几乎都是白富美！这就更说明了，我这人掂量不清自己到底几斤几两，摆不清自己的位置。

那么，既然我是以知性、活泼和漂亮作为审美标准的，为什么最终“选出来”的又都一律是“家境不错”的白富美呢？我们逐一来看：

首先，漂亮与否。

这个，与家境怎样没有关系。

其次，活泼与否。

这个，与家境就有一点点关系了——不是说“穷人的孩子早当家”吗？这样，家庭经济条件不是特别好的孩子，因为懂事比较早，从小考虑的问题就比较多，心理负担比较重，所以可能就活得“不够开放”，甚至有点压抑；于是，在总体上，与经济条件较好的家庭的孩子相比，我们这些穷人家的孩子，可能就显得不够活泼。据不完全统计和个人不负责任的臆断，出身于贫寒之家的孩子，要比出身于富裕家庭的孩子更容易显得内向、深沉；农村长大的孩子，也要比城市长大的孩子更容易显得内向、腼腆和拘谨，而后者的待人接物则更容易显得落落大方。

最后，知性与否。

即文化素养，这个就与“家境”有很大的关系了。全社会范围内，教育资源越来越与经济条件挂钩了，一方面是城乡之间教育资源差距拉大，另一方面是城市内部不同区域之间教育资源差距拉大——优质教育资源由农村向城市集中、由城市的“穷人区”向“富人区”集中（好学校附近的房价高，只有经济条件好的人才能住得起）；并且，经济条件好的家庭，往往能为孩子提供种类丰富的课外书，可以花钱为孩子培养各种文艺特长，而这是普通的贫寒之家做不到的。结果就是，我所接触到的那些视野比较开阔、富有诗书才情的女孩子绝大多数的家庭经济条件是不错的，而像我一样贫寒出身的农家女子则寥寥无几。此外，由于农村在教育方面的重男轻女，也使得农村“穷女孩”的文化素养在总体上落后于农村“穷男孩”。

需要声明的一点是，我前面说我自己喜欢（分“过去时”“现在完成时”和“现在完成进行时”三种时态）的这几个知性女子全都是白富美，这并不是说，文化素养好的女孩子就百分之百地出产于经济条件好的家庭，而经济条件比较差的家庭就培养不出文化素养比较好的女孩子；而是说，经济条件好的家庭，更加容易培养出这样的女孩子。当我发现社会的两极分化竟然影响到我的择偶范围时，我就比以往任何时候更加痛恨这种两极分化了。

在意识到自己更喜欢白富美而不是跟我相同出身的女孩子时，我就再也没有勇气为自己的“嫌贫爱富”辩护了，原来，我也不过是一个俗人而已。很早之前，我就发现，我的朋友圈子呈现出这样一个奇怪的特点：男性朋友大多数是在农村长大的（我本人就是在农村长大的），而女性则大多数成长于城市家庭。总体而言，这些成长于农村的哥们儿，相比于在城市里长大的同龄人，要更加成熟（我说的是成熟，而非世故）、更自立、更能吃苦耐劳、抗挫折能力更强，也更善于体贴与理解别人；这些在城市里长大的妹子，相比于长期生活在农村的女孩子，要更加活泼、更加会撒娇、更加会玩、更加罗曼蒂克，有更加完善的知识结构。当然，这种比较，对在农村长大的姑娘们其实是很不公平的——她们跟我一样，小时候没有漫画和童话书看，没有条件逛公园，10岁就开始洗衣、做饭、喂猪、放羊了，而城市长大的女孩子二十几岁了可能还在爸爸面前撒娇。相比之下，这些“不太会疯玩”的姑娘，往往生活自理能力更强、更加务实、更加会相夫教子、更加适合过日子。我当时竟然还把恋爱的对象、谈心的对象和过日子的对象分开了——认为“富养女”是更好的恋爱和谈心的对象，而和我同样出身的“穷女孩”才是更合适的过日子的对象——还真够无耻的。

穷养，会给女孩子造成匮乏感，进而形成一种“稀缺头脑模式”，并影响到她后来的人生观。在这一点上，男孩也一样。

从小在匮乏感中长大的女孩子，便会放不开、不会玩、不敢玩、玩不起，因此，她们在成年后恋爱或择偶时便不大会把诗意和浪漫放在头等重要的位置（不是不喜欢，而是“消受不起”）；相反，她们会更看重对方的“条件”和责任感、靠谱等。“条件”的问题，没多少讨论价值，暂不说，“责任感”和“靠谱”这两个标准其实蛮吓人的——太有责任感和太靠谱的男人，往往就是所谓的“好人”，这样的人，往往不够精彩、不够可爱、不够有意思。因此，穷养的女儿过分强调这些“靠谱”“责任感”，便让自己显得不够可爱，使得别人接触她的意愿降低了。此外，穷养的女儿在结婚后，一旦掌握了家庭的财政大权，很容易对男人银根紧缩——小时候的匮乏感，使得她们很容易将财产控制权视为安全感；适当地管管是必要的，但像个会计一整天对男人进行财务审计，便无趣至极了。

或许，有人会愤怒地想，你把“穷养女”说得这么苦逼，让我们这些穷人还怎么活啊？尽管我很爱我的女儿，但我就是穷，没能力对她进行“富养”，那怎么办啊？

别急，我跟你一样，我现在是穷人，以后还会继续是穷人，但我的女儿一定是“富养女”——我所理解的“富养”，并不局限于给孩子提供丰厚的物质条件，还包括，即便你很穷，但你愿意在自己的能力范围内最大限度地满足她的合理愿望，让她感受到你的爱。如果你很有钱，但对女儿很苛刻，那照样是“穷养”。所以，穷人也可以有富养女，富人也会有穷养女。

只要愿意追求有诗意的浪漫的生活，即便是穷养的女儿，也可以跳出这个陷阱的。同样，穷养的儿子，经过精神生活上的努力，也可以改变被责任感塑造出的饱经沧桑的脸，做一个浪漫而有趣的人。

同时，我强烈呼吁党中央贯彻落实科学发展观，促使教育资源均等化，保证让我等贫寒之家的子弟都能受到好的教育。如果这样，跟我出身相同的女孩子也就可以具备“白富美的气质”了；这样一来，我等的择偶问题就容易多了。

最后，提醒各位读者，尤其是男性读者，如果生了女儿，宁可把她宠坏，也不要让她“缺爱”！这对她一生的心理健康和幸福至关重要。

PS：

1. 上面几段关于“穷养女孩”的分析，主要不是基于经验，不是基于观察，而是凭逻辑推理出来的，因此难免会冤枉一些人。要是哪位姑娘看了这段话后很生气，觉得自己被冤枉了，那么，我很高兴，你就是我喜欢的类型。欢迎联系我，微信charitableman。

2. 腾讯《大家》上曾经有一篇文章——《女孩为什么要富养——张幼仪被徐志摩抛弃的启示》，也写得很透。文章写道：

林徽因与陆小曼，一个生于杭州，一个生于上海，成长背景却颇为相似。她们的父亲均毕业于日本早稻田大学，均为清末民初时候的风云之士，类似的背景使得他们视野开阔，不会囿于愚昧的重男轻女传统。所以林徽因与陆小曼，皆是她们父亲的掌上明珠，得到极好的教育，从小到大，皆入名校就读。

相形之下，张幼仪的幼年就惨淡得多，她父亲只是个小镇医生，他的识见并没超过他当时的身份。张幼仪说，在这个家里，“女人就是不值钱”。她与父亲有着严重的隔膜：“除非爸爸要求，我从不在他面前出现……除非他先开口对我说话，否则我不会在他面前启齿。”这与林徽因的经历形成鲜明的对比。

在当时，张幼仪虽然心里有数，却不能提出质疑，她知道只有自己能帮助自己。张幼仪的成长确实非常励志，但坚强少女往往无法成为有魅力的女人，因为她们一开始就明白有付出才有收获，对世界缺了一种很傻、很天真的信赖，也就不能明眸善睐、说笑自如。

在不自信同时对外部世界也不能信任的情况下，她们通常选择严肃，选择收紧自己。试想，有几个男人会乐于面对铁板一块呢？起码活泼的徐志摩不会。尽管张幼仪长得不差，他依然视她为一个无趣的土包子。

张幼仪不明就里，一直以为是自己做得还不够，她后来为徐志摩做得确实也非常多，但这些使得徐志摩依赖她、信任她、尊敬她，而始终不能爱上她。

而林徽因、陆小曼们，则因被爱而可爱，因可爱而更加被爱。她们的父亲对她们的宠爱，使得她们后来在男性世界里也自信、明朗、活泼、娇嗲，那是她们自童年起就形成的一种气质，这种气质甚至会形成一种催眠，让接近她们的男子感到，不爱她们，简直天理难容。

## 对“儿子要穷养，女儿要富养”的一点不同看法

一个朋友问我：“你对‘富养闺女，穷养儿’的观点持什么样的态度？”

我不假思索，直接回答道：“对‘穷养儿’，我基本认同；但对‘富养闺女’，我则有不同看法。”

那些主张“富养闺女”的人，理由通常是：不要让女儿小时候没见识过什么，否则，一旦她长大了，“很有可能轻易被别人家男孩子用什么廉价的礼物给哄走了”。这种理由，我感觉，简直是滑天下之大稽。

我知道，看到这里，有人会纠正道：“富养女儿，是让女儿有学识、有教养，而不是用钱养。”如果“富养”的本意确实如此，那当然很好了；可惜，大多数提到这个说法的人，都缺乏这种觉悟。再

说，我甚至怀疑，“富养是让女儿有教养”，这只是一些聪明人的过分解读，而并非它的初始含义——如果“富养女儿”的含义是希望女儿有学识、有教养，难道“穷养儿子”是希望儿子没有学识、没有教养不成？何以见得，在提到养女儿时，富侧重于精神层面，而提到养儿子，穷就指物质层面了？

再回到“富养不容易被诱惑”的话题上来。如果一个女孩子是被男孩子用冰激凌和自行车的后座给“搞定了”，而另一个女孩子，星巴克和普通小轿车还“搞不定”，非得用“香格里拉”或保时捷才能搞定不可；那么，后者一定比前者“有品位”吗？或许，前者要比后者“更傻一些”，但同时，我也认为前者更可爱一些。并不是因为我自己是穷酸秀才才会这么说，我想不少高富帅也会这么认为吧？当然，对物质要求更低的女人，常常使高富帅们的“核心竞争力”发挥不出来。故而，如果一个高富帅除了财富之外别无所长，他反倒是希望女人“更物质”一些，因为物质欲望太小的女人他“很难搞定”。

我觉得，“富养女儿”，就是为了培养起她“不为五斗米折腰”的“骨气”。

最后，朋友补充道：“我也不同意‘富养闺女’。与其富养闺女的物质生活，倒不如富养闺女的内心世界，相对物质而言，更要重视精神生活。”我遂想起葛拉西安在《智慧书》中的一句话：“知识渊博的人很难被取悦。”是啊，既然“富养女儿”的目的就是让她将来“少被一些物质的东西取悦”，“增强抵御诱惑的能力”，那么，这个目标，通过精神生活的提升也是能够实现的；并且，“富养内心世界”，显然是一种更有效的方式。

# 第二章

## 缺乏安全感，是全世界最流行的“妇科病”

LOVE

“安全感”这个词在恋爱中的出镜率很高，它可以是姑娘接受一个人的理由，也可以是姑娘拒绝一个人的理由，它让男人们闻风丧胆。女人口中的“安全感”到底是什么意思？

# 缺乏安全感的女人，你无论嫁给谁都是错的

## 人之初，性本“缺乏安全感”

小侄女出生的那天，我去医院看她了。我刚见到她的时候，她从母体里出来还不到一个小时。

当时，躺在婴儿车上的她无比“矫情”，生怕别人冷落了她——必须有人时时刻刻陪在她身边。她虽然闭着眼睛“睡”，但一旦感觉到身边没人了，就会立马哭起来。刚发现这一点的时候，我还以为是巧合，后来我特意做了个实验，让我妈走远一点，我也走远一点，她果然再次哭了起来；等我走近后拍了她一下，她立马止住了声音。这个实验重复做了三四回，结果都一样。

你一失陪，她必哭泣。看来，我的捉弄让她“很没有安全感”。看来，“缺乏安全感”，并不只是《非诚勿扰》（现改名为《缘来非诚勿扰》）中那些女孩子的“特权”，刚出生的婴儿照样如此。

我遂感慨道：“缺乏安全感，对女人来说，就是个永恒的主题。”

而到了成人世界中，“缺乏安全感”，甚至还是全世界最流行的一种“妇科病”。

## 归属感越强，便越缺乏安全感

有个哥们儿，相亲被拒，理由是因为长得太帅，“没有安全感”。于是，他过了几天去整容了，把自己整得好丑，回来对那女的说：“这样很有安全感了吧？”女孩回答：“这么重要的事情你都不跟我商量，你太让人没安全感了！”

“安全感”这个词在恋爱中的出镜率很高，它可以是姑娘接受一个人的理由，也可以是姑娘拒绝一个人的理由。它让男人们闻风丧胆。女人口中的“安全感”到底是什么意思？

“安全感，就是你强烈地觉得TA离不开你；归属感，就是你强烈地觉得你离不开TA。”乐嘉老师的这句话，是我所见过的对“安全感”的最好的定义。

但通过比较这两个定义，我们会发现，安全感和归属感，其实是有点矛盾的，很难兼得。一般来说，你越爱一个人，就越会觉得你离不开TA，因而，归属感也就越强；但同时，你越爱这个人，越离不开TA，便越会担心TA不爱你，或者，担心TA不会像你爱TA那样投入地爱你。因此，你便越不敢断定“TA离不开我”。所以说，归属感越强，安全感便越弱。很少有男人能够同时满足女人的这两种需求。

有不少女人，一方面追求稳定，指望从男人身上获得“安全感”；另一方面，却又追求刺激，指望男人能给她制造出一种浪漫感觉。可是，能够给予你们安全感的男人，通常都是一些有责任心的、本分的，甚至是“老实巴交”的人；能够给你们带来刺激和新鲜感的男人，往往是一些很喜欢折腾、很会玩、今朝有酒今朝醉的人，甚至是缺乏责任心、擅长招蜂引蝶的“坏男人”。那些有魅力的、可爱的男人，是让你们很不放心的。因为，你们总是认为，别的妹子也会对你的男神虎视眈眈。

男人若不擅长调情，会被女人瞧不起；但男人若太会调情了，女人肯定没有安全感。结婚前，如果男人没房，女人没有安全感；结婚后，如果女人突然发现男人竟然背着她有很多套房子，那她就更加没有安全感。因此，无论是情调，还是财产，都有可能是对安全感的极大威胁。

## 生活能和谐吗?

前段时间，一个女读者问我：“你对‘找老公不能找太帅太俊的，否则以后容易出轨或者被勾引’这个观点怎么看？”

这是个什么混账观点！真的是Too young，too naive。缺乏安全感的女人，无论嫁给谁，都是错的。你自己非要疑神疑鬼，关老公什么事？为了所谓的“安全”，就故意选个丑的、没魅力的，不可悲吗？

全世界最流行的“妇科病”就是，缺乏安全感。

缺乏安全感的女性，往往信奉“男人都是花心的”这一简单粗暴的教条，因而，对所有的男人都不信任——被一个坏人伤害过之后，就不再信任任何好人，典型的滥杀无辜。在这些女人看来，男人身上的男性魅力，就是一种原罪。不管你是否真的不忠，她们都会先入为主地对你进行有罪推定。相反，在她们的心目中，能带给她们安全感的，是一些比较“矬”的男人。（这个“矬”，不是外人眼中的“矬”，而是她们自己眼中的“矬”，因为男人如果矬了，就没有别的女人来跟她抢了。）男人只有表现得没用和无趣一些，才会让她们“放心”。之前看过一个段子，有个女人因为缺乏安全感，故意把老公打扮得土里土气的。别人差了，你自己就安全了吗?

“有魅力的男人都是花心的坏蛋，没有魅力的男人都是忠心耿耿的。”她们的逻辑就是这样的。

最终，这些缺乏安全感的女人，大都嫁给了既不如原来的追求者，也明显配不上她们自己的“比较老实”的男人。（这里的“老实”，不是遵纪守法的意思，而是“没情调”“不浪漫”“不会勾三搭四”。）她们认为，这样的男人会对她们一心一意，她们的婚姻也就比较安全了。这个念头，实在是too young，too naive。等她们真跟这样的闷葫芦在一起了，就会发现，生活的无趣所带来的压抑，远比一个很有魅力但让你很不放心的男人整天惹得你争风吃醋更加令人难以忍受。而且，男人调情的能力是女人最好的春药，跟一个无趣的人在一起，你们的生活能和谐吗？

况且，你凭啥认为，老实人就不会乱搞呢？一旦有个机会，内心的不安分被激活，他们身上那不老实的一面，肯定会集中释放。再说，那些不敢（不会）跟同龄女人调情玩暧昧的老实人，或许要比其他人更加“敢于”找陌生女人嫖娼，更加“敢于”猥亵小萝莉；相反，那些会用正常的方式跟女人交流的男人，就不会那么压抑，因而也就不必依赖于那些低劣的方式来释放。

## 你要的究竟是“安全”，还是“感”？

尽管老实男人未必就靠谱，有魅力的男人也未必就花心，但女人在内心里还是会认为后者更不靠谱。为什么呢？

其实，很多女人所强调的“安全感”，其核心部分并不是“安全”，而是“感”。这话什么意思呢？就是说，她们所关注的重点，并不是如何让自己在爱情和婚姻中的实际处境有多安全，而是让自己“感到安全”；而这个“感”，既然是一种主观感受，那它当然也包括了那种“上当受骗的感觉”——当然，这是上她们自己的感性的当，而不是男人的当。譬如，明明是男人的所谓忠诚并不怎么靠谱，它并不能确保女人的安全，但还是会给有的女人带来“安全感”；明明是嫁给有钱人的女人更容易因丈夫的出轨而失去安全，但有的女人还是认为男人有钱才能让她有“安全感”。

每隔一段时间，就有官员写给姘妇的“承诺书”曝光。而这些承诺书的内容又千篇一律，毫无技术含量，内容差不多都是“马上和老婆离婚，和你结婚”。问题是，这种显然既没有法律效力又不具备道德制约力（道德制约力需要第三方来施压）的承诺书为何会“野火烧不尽，春风吹又生”？难道这些姘妇真的那么脑残，不知道它不具备任何实际价值吗？这大概就是女人对“安全感”的需求吧——安全感，往往是一种虚无缥缈的感觉。有安全感，未必真安全；没有安全感，也未必就不安全。可见，这些女人真正想要的，不是“安全”，而是“感”。

何为“感”？难道不就是一种自欺欺人、上当受骗的感觉吗？

## 你要对我好

适当地缺乏安全感，是因为在乎对方。但如果过分地缺乏安全感，就基本上不具备爱的能力了。

“女人是没有爱情的，谁对她好，她就跟谁走了。”这话看似偏激，却也道出了不少真理。那些缺乏安全感的女人，在择偶时，最看重的是“他对我好不好”，而非“他是否有魅力，他值不值得我爱”。

通常，如若不能两情相悦，必须妥协，男人往往倾向于选择一个“我爱的”，而女人则更倾向于无奈接受一个“爱我的”。这就是为什么男人往往即使明知“她只爱我的钱却不爱我的人”还是贼心不死，也是为什么女人往往看重安全感超过归属感了。所以，在男人的爱情观中，幸福的本质是呵护她、疼爱她，是付出而非占有；而在女人的爱情婚姻观中，幸福的本质是被呵护、被宠爱，说得难听点，是“索取”。对缺乏安全感的女人来说，尤其如此。

女性的择偶观中，被突出强调的，不是“我要对你感兴趣”，而是“你要对我好”（当然，首先是要“我对你感兴趣”，然后你才有“对我好”的资格）；而在有些男人的择偶观、爱情观中，只要“我对你感兴趣”就行了——“只要我对你感兴趣，我自然就会对你好”。

去年下半年，网络上掀起了一股“暖男热”。所谓“暖男”，其实就是前几年女孩子口中的“对不起，你是个好人”，是那种无趣的、没有个性的人。这类男人，不是向来都只有做备胎的份儿吗？何以在一刹那之间变成香饽饽了？难道中国女人集体“心已沧桑”，突然间齐刷刷地降低了标准？或者是，集体觉醒了，明白了原来一直被你们认为“食之无味”的鸡肋男才是“最值得珍惜的人”？可是，这种觉醒，其实挺悲哀的。

女人对暖男的这种热情呼唤，其实就是“你要对我好”的延续，甚至还是一种病态的需求。苛求暖男的，十有八九，就是缺乏安全感的女人。但同时，也只有不懂爱的人，才会如此苛求暖男。

## No Zuo No Die

男人如果在感情中“缺乏安全感”，他们首先会认为是自己还不够好，于是，更加努力提高自己的魅力指数，增强“恋人黏性”，结果，他们自己越来越出色；而女人如果“缺乏安全感”，固然也会怀疑自己还不够好，但首要的是，她们会认为主要是因为男人不够好，是男人的问题。于是，她们不断地通过无理取闹来确认男人是否足够爱自己，甚至是索取无度，特别“难伺候”。结果是，男人尚未被逼疯，她们倒先把自己给逼疯了！所谓no zuo no die，大概就是这个意思吧？岂不悲夫？

有很多女孩有公主病，控制欲特别强，她们对男朋友的要求，都可以概括为一个词：听话。其实，这是缺乏安全感造成的。基本上，她们一恋爱，就开始生活不能自理了，比如，连开水也不会烧了，连矿泉水瓶也不会开了，连月经周期也不会计算了。这些事情，让男朋友做做当然也是可以的，但这些女孩子的过分之处在于，如果男朋友稍微有个疏漏，她们会立马将问题上升到“你还不够爱我”的战略高度。对这种上纲上线，男朋友要胆敢质疑，她们会更进一步怀疑“他到底爱不爱我”，然后，便拿“别人家男朋友”的故事向自己的男朋友施压。

她们的自我价值感很低，自卑、敏感、玻璃心，特别容易将别人对她的态度跟自己的价值挂钩。如果感觉别人待她的方式不够好，“规格”不够高，她不会认为那是对方做事风格的问题，而是将其定性为“待我不好”“不尊重我”；进而，又得出“别人之所以待我不好，可能是因为我自己不够好”的结论，自我折磨。甚至，她们还常常需要通过摆架子来验证一下“你爱我到底有多深”。而如果别人对她的友好程度超出她的预期，她又会有“我何德何能”“我不配”的惶恐。

她们在内心里期待一个真命天子的出现，但是，当这个人真的出现的时候，她们会特别害怕，不敢接近。这不就是叶公好龙吗？她们认为，只要不接近，就永远也不会失去；但实际上，这种不敢直面现实的态度，只能导致更快地失去。

## 先下手为强

缺乏安全感的女人，很难对一个人保持长久的激情。如果说男人在感情中出问题是喜新厌旧或喜新不厌旧的话，那么，这些缺乏安全感的女人，则常常是即便是并未喜新，也照样厌旧——没激情。

原因其实很简单，她们通过不断地“作死”，早已把自己给折腾累了。

在激情丧失之后，为避免被抛弃的命运，她们往往会决定“先下手为强”，以迅雷不及掩耳之势甩掉对方。或者，即便是不分手，为了确保自己有个退路，她们也会开始找备胎。人们普遍认为，拥有很多备胎的，往往是“资源配置能力”比较强的人，但这似乎是一个误解。其实，很多人积极发展备胎，就是因为缺乏安全感——担心被主胎甩掉。

倘若两个缺乏安全感的人在一起，就会陷入“囚徒困境”。

两个人都缺乏安全感，便意味着，两个人都强烈地希望跟对方在一起，但每个人又都担心对方会率先“毁约”。这时，会有四种可能的情况：两人经过充分沟通，达成一致，选择相互信任，这是最好的方案；两人的思维频率不一致，A信任B，B不信任A，久了，B会率先“退出游戏”；B信任A，A不信任B，久了，A会率先退出；两人都深爱着对方，但又怕对方不够爱自己，互不信任，都暗自“找后路”，或抢先终止游戏。

说给女人听：

上面几段，如果你看了很生气，不服气，说自己被误伤了，那么，你就是我理想的也最想遇见但至今从未遇见过的女人。欢迎联系我，微信charitableman。

很多女人说自己缺乏安全感，纯属矫情。你自己都不信任别人，无端猜忌，你凭什么要求别人对你好？

真爱这东西，你信，未必有；但你不信，则肯定无。这是需要两个人共同经营的。所以，要有好的结果，自己必须先充分信任对方，充分投入。

## 说给男人听：

如果你的女人缺乏安全感，一方面是因为她确实脆弱，但更重要的原因是，她太爱你了，害怕失去。所以，对缺乏安全感的女人，请多给她一点理解和关爱。

## 缺乏安全感：人渣父亲+负能量母亲与闺密+自作孽

一个毕业于国内top2高校、非常漂亮的女孩子，拒绝了同班同学的追求，选择了一个三本院校的男生。这还不是亮点——真正的亮点在于，她拒绝掉的这个男生，是她喜欢的；而她接受的这个男生，并不太符合她的审美观。

当然，没过多久，她和他分手了。然后，下一次找对象的时候，她又继续找一个条件比自己差很多的男孩子；相处一段时间后，因为很难勉强自己而再次分手。

那么，究竟是什么原因，使她屡次拒绝跟自己“门当户对”，并且自己也喜欢的男生，而倾向于选择条件差一点的男生呢？

### 爸爸去哪里了

原来，在她6岁的时候，她的父母离异了。母亲为了养家不得不做几份工作。有一天晚上，母亲还在工作，她一个人回家，看到漆黑的房间，冰箱里什么吃的也没有。那种孤独凄伤的感受让她刻骨铭心。

从此她做了一个决定——将来绝不要被人抛弃。所以她找对象的时候不敢找和自己一样优秀的男孩子。

童年经历过的一些非常强烈、痛苦的经验感受，往往使当事人在不知不觉中做了影响一生如何待人接物的重大决定。

“安全感的形成，与童年时所获得的爱的多与少有关。获得的爱比较多，而且还是无条件的爱，那么一个幼小的孩子就会对‘我有价值’这一点深信不疑，安全感就此形成。相反，一个孩子如果获得的爱比较少，而且还常常是有条件的爱，那么这个孩子的心就会很紧张，安全感就会偏低。”

一个在学业和事业上都绝顶出色的女读者告诉我，尽管追求她的男人络绎不绝，用“能够组成一个加强连”来形容也不过分，但她还是特别缺乏安全感，即便是跟一个并不十分优秀的男人相处，她也会担心被甩掉。这样一个出色得“令人发指”的女性，竟然也会自卑得一塌糊涂，这实在是“天理难容”。为什么会这样？

原来，她生长在一个重男轻女的家庭，家人几乎忽略了她的存在。甚至，在她15岁考上大学的时候，都是一个人去上海报到，而父母，全部都去陪考上省城某大学的儿子了。大学四年，每次宿舍的电话铃声响起，她都特别希望是自己的父母打来的，可是希望一次次地落空。当然，父母也没有完全忽略她的存在，他们每次需要用钱的时候，特别是需要她花钱来替这个家庭撑门面的时候，就会想到这个女儿——毕竟，她是这个家族里最有出息的一个孩子。

因为从小缺爱，所以她在潜意识中怀疑“我是不是真的很差劲，不值得爱”，继而，在成年后，如果她特别爱一个男人，哪怕这个男人也特别宠爱她，她也会很惶恐：“我配得上吗？”一旦有了“配不上”的顾虑，她就会特别担心失去。

在其他的案例中，缺乏安全感的女生，即便不是双亲都不爱，至少也是缺少父爱。

本来，父亲是女孩子在生命中第一个能与之建立亲密关系的男人，如果早年父亲不爱她，那么，在后来的一生中，她都会对来自男人的爱心存顾虑。从小缺少父爱，会让这个女孩子永远生活在“匮乏感”中，并形成一种“稀缺头脑模式”，因而，在恋爱或择偶时便把注意力都用来追逐“对我好”这一稀缺资源上，而诗意、浪漫、魅力这些更重要的东西反倒被她忽略掉了（不是不喜欢，而是“消受不起”）。不过，把“他会不会对我好”看得太重，反而会格外害怕失去。

## 批评式的父母

当然，我们并不能断定，缺乏安全感的女孩子，父母就一定是不爱她的。也可能是，父母尽管实际上很爱这个女儿，但因为不太会表达，而让女儿没有享受过被宠爱的亲昵感，那么，结果便是，尽管她在理智上相信父爱、母爱的存在，但在感性的层面上，她仍然是“缺爱”的。

甚至，还有一些变态的父母，非但无法给予孩子被宠爱的感觉，反而老是以一种类似于折磨的方式来表达他们的爱。

在《红楼梦》中，有好几次，贾政让宝玉当着客人的面作诗，宝玉作的诗显露了非常了不得的才情，客人赞不绝口，贾政却不断地给宝玉泼冷水，甚至是近乎于侮辱的批评。实际上，在内心里，贾政对宝玉的表现却是很满意的。这仅仅只是文学中的场景吗？不，现实中多的是，文学就是源于现实的。

不少父母，十分吝啬于夸奖孩子，甚至把不切实际的批评当作教子良方，而且，还认为这是“为了你好”，真的是太荒谬了。这种教育方式，无法让孩子感受到温情，而只能感受到对惩罚的恐惧和对父母的不信任。况且，女孩子的心理素质本来就比男孩子差，更容易受影响。迟早有一天，女儿会发现，只有自己做到完美，才能得到父母的爱。可是人无完人，所以父母对自己的批评，终究无可避免。

既然生活中总要不断地受到父母的批评，那么，孩子不如先发制人——假定批评是有用的和必要的，然后仿照父母批评自己的方式，发动对自己的批评。在父母批评自己之前，孩子开展了自我批评，把父母批评的原版，翻版为孩子高仿真版的自我批评。

自我批评的时间长了，她就真的被自己给洗脑了，有了一种完美主义倾向。因此才会尽管优秀得令人惊讶，却依然会觉得“我真的很差劲”，自卑得一塌糊涂。

## 人渣父亲、负能量的母亲与闺密

除去“缺爱”，缺乏安全感的女孩子，童年时的成长经历，基本上有以下几个共同点：父母离异，或者，父母虽然未离婚，但关系很糟糕。长期的耳濡目染，给她们造成了严重的心理阴影。这种阴影，会影响她们后来的爱情与婚姻。

在婚姻破裂的家庭中长大的女孩子，天然地对爱情有一种不信任感。尤其是，很多女孩子，在她们十几岁甚至几岁的时候，就目睹了父亲对母亲的背叛。在那个幼小的年纪里，她们还不能全面而理性地看待外遇，而是认为，她们父亲的做法就代表了所有男人，“凡是男人，都爱偷腥”。

更严重的是，在婚姻不幸的家庭里，被背叛的母亲常常会在孩子面前抱怨父亲，尤其是在女儿面前。不用想都能猜得出来，在婚姻不幸的家庭里，女孩十之八九从小就会被妈妈灌输各种负能量。比如，“男人没有一个是好东西”，“你以后应该找个长得丑的男人，他才不会出轨”。可以预料，这个女孩在长大之后，根本无法信任男人，严重缺乏安全感。

还有的女孩子，虽然自己的父亲并不是个渣男，但她们在早期的恋爱经历（通常是初恋）中遭遇了背叛，或者，从闺密添油加醋的经历中“吸取了教训”，产生了心理阴影。这种心理阴影，会造成她们智力水平的下降，进而形成了一种错误的思维方式——“男人=渣男”。

而大批量无良又无脑的影视剧和网络小说，又强化了她们的这种印象。微信公共平台上有一大批专门为女人而写的文章，这些文章的大意就是，女人应该从男人那里获得怎样的待遇，才能过得幸福；女人应该如何防止男人出轨。诚然，并非所有女人都会看这种毫无营养的文字(具有调侃戏谑色彩的另当别论)，但我本着研究的心态打开看了一下，这样的破文章，传播效果都特别好。这样的文章，不仅无脑，而且无良，它们的最大功效就是将那些拒腐防变能力差的女人的智商和情商都拉低——让女人变得矫情，觉得男人不够爱自己；让女人更加坚信“男人没一个好东西”，因而，更加缺乏安全感。

越是不信任男人，便越是喜欢胡思乱想。在很多情况下，人的“不安全感”，正是由想象力太过丰富所造成的，那些让你觉得不安全的因素，可能是你凭空想象出来的。

## 自作孽

但并非所有在早期有过糟糕经历的女孩子都会缺乏安全感。为什么有的女孩子能够走出父爱缺失的魔咒，而有的就不行呢？外因通过内因起作用。实事上，如何看待过去的经历，要比自己过去经历过什么更重要。

爱情不是交易，并不是所有的付出都必定会有回报，你得有这个心理准备，否则，最好别跟人谈情说爱。有的人，就是太计较自己的付出有没有回报，或者，回报是否对等。倘若觉得自己用情更深，却没有得到等额的回报，她便很容易产生强烈的“吃亏感”，因而，缺乏安全感。

情商也很关键。女人看见自己喜欢的男明星尖叫，看见街边的帅哥时情不自禁地表现出花痴状，男人一般都不会计较；但倘若男人对路边的美女多看了几眼，缺乏安全感的女人就会受不了。这叫什么？情商低，不尊重人性！

当然了，对这种现象，女人会辩解称“我们直觉很准的”。不过，我每次看到“女人的直觉很准”，就忍不住想呵呵。“直觉准”的最准确含义，难道不就是捕风捉影、小题大做吗？男人直觉也准，我的直觉比女人还女人。但男人不太会像女人那样捕风捉影、小题大做。

缺乏安全感的女人，有着共同点：独处能力太差，精神上不够独立，把男人看得太重。有好多女人，会因为男人忙着打游戏而不陪自己逛街抓狂，为男人忙着看球赛而不陪自己看电视而发火。这并非一般意义上的矫情，而是缺乏安全感所致。奇怪的是，难道你们离开了男人的陪伴就会死吗？

女人缺乏独处能力，与兴趣爱好单一、缺乏追求，尤其是忽略了精神上的成长有莫大的关系。

过分地把心思花在男人身上，当然就会相应地高估他的价值。缺乏安全感的女人，往往判断力极差，严重高估了自己那个臭男人的魅力，好像真的会有人来勾引你那个臭男人似的，又好像你那个臭男人真的有多大魅力能勾引到别的女人似的。谁稀罕你那个臭男人?

也许，那个男人是真的有价值。此时，这个女人会强烈地觉得“我配不上他”。可是，你既然明知自己配不上人家，为什么还要高攀？人性的弱点就在于，我们在寻找爱情的时候，总是忍不住要高攀。可是，越高攀，就越容易缺乏安全感。并且，越是自己没本事的女人，就越想去高攀，想通过借力别人来改变自己平庸的命运。所以，你缺乏安全感，那是自找的。你活该。

## 你只有告别乞丐心态，才可能有真正的安全感

我们在前面提到过，女人缺乏安全感，最主要的原因是童年缺少父爱，或者，有一个“人渣”的父亲或前男友。但显然，向父亲和前男友追责，是做不到的；况且，即便能追责，也拯救不了你。

因此，要跟缺乏安全感的自己说再见，得靠自救。

### 远离负能量

身为子女，你要学会理性戒除父母的不健康婚姻带来的影响，健康面对与父母亲的关系，让不健康的家庭关系终结，把负面影响降至最低。

如果说有天堂，天堂里面的人一定是简简单单的人；如果说有地狱，地狱里面一定是成天想着怎么算计或防范别人的人。

缺乏安全感的你，首先得远离那些喜欢散播负能量的闺密，再

少看一些无脑的负能量影视节目。对母亲，你是很难保持距离的，但你最起码可以做到对她传播的负能量充耳不闻，只要你有这个决心。

坏人总比好人少，因此，从概率上讲，“防人之心不可无”的危害性远远大于不小心误信了别人。与其对男人都进行有罪推定，不如对母亲和负能量影视节目所传播的负能量进行“不靠谱推定”。

## 少作少闹，多示弱

缺乏安全感的女人，往往喜欢各种闹、作，向男人施压。

你天天黏他，好几个电话，没事就微信，不秒回你就胡思乱想。问无数次你爱我哪儿（他每次都答不上来）。每次都答不上来的问题，你还要无数次地问，你只是想让他困扰呢，还是想让他烦你呢？

用无理取闹的方式拴住的爱，是不会长久的。这样，只会让自己的处境变得更不安全。说话做事之前，要考虑他是怎样的感受，而不是单纯地考虑你自己的感受。

此外，缺乏安全感的女人，因为内心脆弱，反而喜欢在嘴上逞强。可是，你这种逞强，只会把原本很宠爱你的人推向远方。相反，如果善于示弱，则会得到更多的宠爱。

缺乏安全感，不是多么可耻的事情，你完全不必逃避，正视它就好了。你可以向自己的另一半表达，让他知道你的一些表现其实只是源于这些不安全感。那么，一方面，对方可以更加理解你的情绪和行为；另一方面，对方也可以帮助你一起去面对和处理这些感受。而表达的过程，也正是处理这些感受的过程，在你表达出来以后，你的内心也会觉得舒服许多。

## 理性地看待爱

我们在前面说过，安全感只是一种主观体验，而非客观事实，也即，你缺乏安全感，实际上未必就一定不安全。不安全感，或许只是一种错觉。心理咨询师胡慎之老师说，越是感性的人，对安全感的问题越敏感，而理性的人，对安全感的体验比较弱，反倒不那么容易缺乏安全感了。因此，你最好能让自己变得更理性一些。

理性了，你就会明白，缺爱，其实没什么大不了的。

有人幼年失怙，有人老来丧子，有人失去身体的部分，有人什么也不缺，但缺心眼儿……哪有什么都不缺的人？遗憾、痛苦、挫折……失去爱人、失去工作、失去友情、失去金钱……凡此种种，更是俯拾皆是。人生本来就像四面漏雨的房子，千疮百孔，本来就充满了各种各样的缺憾。

诚然，理性地对待人、事、物，有时会损失一些感性的乐趣，但是，理性会把对人的期待值降到最低，受伤害的可能性减至最小，逐渐地，会对人与人之间的关系看得越来越通透，因此能够接受绝大部分的人之常情，比如失望，比如背叛，比如分离，而不觉得特别难过或者被打击。

很难相信人？那么就干脆不要信了嘛。期待度为100，哪怕得到的是99，都会失望；期待度为0，哪怕得到的是1，都会觉得赚到。

没有期待，就没有伤害。

此外，只有理性了，你才会正确地爱别人。

爱是感性的，激烈的，爱需要燃烧，要毫不保留才带感；但是，一段长久的关系正好相反，是理性的，冷静的，需要节制地对待，像一个守财奴守护自己财富一样精打细算。

热烈地爱，冷静地相处。

你们的爱再深，你们也只是普通人，不会因为爱就变成了圣人——谁都不可能。不要强迫自己变成一个完美的人，以得到对方的爱，也不要强迫对方变得多么完美，以填补你缺失的部分。

接受“一切并不完美”这个事实，包括爱情——它来到的时候，享受；它离开的时候，接受。

## 创造出被需要的价值

在婚姻甚至恋爱中，一部分人的安全感在于：“TA有没有能力养我？TA愿不愿意一直养我？”另一部分人的安全感在于：“我有没有能力养TA？TA愿不愿意一直被我养？”（我不一定非得养TA不可，但我必须具备养TA的能力。）

前者的安全感在于，“我的需求能否得到满足”；而后者的安全感在于，“我是否被需要、我是否有能力满足对方的需求”。两者一对比，高下立判。真正的安全感，就是自己有被需要的价值，而不是靠别人来满足你的需求。

如何让自己具备被需要的价值呢？让自己变成一个真正有趣的可爱的人，一个能够给别人带来乐趣的人，一个能提升别人幸福感的人。

等你能源源不断地创造出被需要的价值了，你就不会担心他会离开你了。相反，“风水轮流转”，这个时候，轮到他缺乏安全感了。他越会担心失去你，便越会努力提高自己的魅力指数，也越会对你好。这样，你们的爱情婚姻质量岂不是更高了？

当然，要让对方需要你、离不开你，你得“懂他”，按照他需要的方式来爱他，而不是不经大脑的想当然的方式。多去了解他，尽量深层次地了解他，了解他的心理、心态、人格、三观……看清他的需求，在不违背自己原则的情况下，尽量满足他对爱的需求。这就是所谓的情商。他和你在一起，需求得到满足的程度越高，愉悦感就越大，这样，你的处境也就越安全。

并且，当你成为“价值的供给者”之后，你会发现，原来，付出比得到更快乐，相应地，你也就不会特别计较你所有的付出都会有对等的回报了。“一切美好的事情，报酬都在眼前。爱情的报酬，不在于有朝一日能缔结良缘，而在于相爱时的陶醉和满足。”当你会不计后果地为爱情而付出，谈一场“奋不顾身的爱情”的时候，还会那么“缺乏安全感”吗？

## 做个快乐的单身者

有的女人，总是像个祥林嫂一样说男人不能给自己带来安全感，并口口声声说“你能不能给我幸福”。请问，为什么非要别人给？难道你是个乞丐吗？

你但凡不是个乞丐，就会明白，男人并不是万能的，不是拯救你的万能良方。靠男人，不如靠自己。幸福的生活是需要自己来创造的，而不是等着别人给。实际上，你越是将安全感建立在“找一个合适的男人”上面，便越会缺乏安全感。因此，要将幸福建立在找一个什么样的男人上面，实属很不靠谱的幻想。关键并不在于你所遇见的他是一个怎样的人，而是你自己是一个什么样的人——你自己会为生活构筑起安全的堡垒（即强大的内心）吗？你自己够不够独立呢？

通常，全职太太比任何人都更加容易缺乏安全感。表面上看，男人对你很好，你不用工作，但这样，你的价值感就被剥夺了。时间一长，你会觉得自己这也不会，那也不会。于是，你更加依赖他。你越依赖他，便越会害怕失去他。并且，没有工作的时候，因为“闲得蛋疼”，就更加有可能跟其他女人聊男人，所以也就更加胡思乱想。因此，如果不是特殊原因，你就得出去工作，哪怕薪水低一点也无所谓。

缺乏安全感的女人，对男人的依赖，主要还不是经济上的依赖，而是精神上的依赖。总体上，女人的独立性要比男人差得多，对异性的依赖感也更强烈。譬如，有相当多的女人，宁可依靠一个垃圾一样的男人（她明知他就是个垃圾）来帮她缓解孤独感，并“宁愿”为此而忍受巨大的伤痛，也不愿意一个人自得其乐（不是“不愿意”，而是不具备这种能力），这就是因为精神上、人格上不够独立造成的。通常，当人们在说“女人要独立”的时候，强调的仅仅是经济上的独立，其实，精神上的独立、人格上的独立同样很重要。一个经济上完全独立，却在精神上仍旧百分之百地依赖男人，男人只是一时半会儿离开一下她就不知怎么过的女人，其处境又能比那些在经济上不独立的女人好到哪里去呢？长期的、过度的依赖，换来的不是被宠爱和小鸟依人的幸福感，而是被男人瞧不起，同时自己也缺乏安全感。

如果你没有一个足够强大的、独立的自我，他说一百遍我爱你，也无法真正解决你的安全感问题。因此，你必须努力学会先成为一个快乐的单身者，学会自己爱自己，这样，在将来的婚姻生活中，你的安全感才会比较强。

你得注意培养和发展自己的兴趣爱好，有自己的精神追求，让自己的人生更精彩，而不是把爱情和婚姻看成人生的全部。当然，培养兴趣爱好，重点并不在于数量，不必非得有多广泛（不要受传统宣传的误导），也不必非得要有多高的造诣，而是说，你对它的专注要达到一定的程度。对这件事的忘情投入，足以让你忘记人世间一切无趣的烦恼。

周国平在讲艺术家气质时有一段话：“对艺术家、思想家而言，他最害怕的并不是无爱的孤独或失恋的痛苦，而是创造力的枯竭；只要创造力生生不息，不管感情状态如何，他都对生活充满热情。”试想，如果女人能对文学、艺术等精神生活的痴迷达到这种“走火入魔”的程度，那她还会缺乏安全感？

## 来路不由己，但前路可期

缺乏安全感的你，正在建立自己的爱情，并逐渐步入婚姻。

身为母亲，你得明白，你与丈夫的关系，你自己的精神状态，就是你的子女的“原生家庭”。你已经从上一代人的不健康婚姻中受害了，那么，请你务必努力，不要把你所经历的悲剧遗传给下一代。

如果你是不幸的婚姻的受害者，或者，自认为是受害者，请你找心理医生倾诉去，而不要把你的不幸经历以及“人生思考”讲给你那正在成长中的女儿。尤其是，千万不要把“男人都会背叛的”这种负能量传递给你的女儿。

或许，你会说，原因真的在男人的身上，如果不是他们错在先，你也不会联合孩子去对抗丈夫。你的辩解或许有一定的道理，但是，假若你这样做，孩子未来的幸福就被影响甚至摧毁了。难道孩子的价值就是成为一个传递怨气的通道吗？

来路不由己，但前路犹可期。

## 单亲妈妈，请不要在孩子面前抱怨

每天晚上，为了不让跑步的过程显得那么漫长和枯燥，我总是一边跑一边听《百家讲坛》，偶尔也听听音乐。曾仕强讲的《胡雪岩的启示》，有一段引起了我浓厚的兴趣，以至于我好几次放缓了步伐，在手机里的草稿本上写了几十个关键词。

“我们要研究胡雪岩，一定要知道，他一生的良好基础，是在家庭里面培育出来的。”“胡雪岩12岁的时候，父亲就过世了，生活的重担一下子压到了胡雪岩母亲一个人的肩上。在那个时代，一个寡妇抚养照顾五个孩子，生活的艰难是可想而知的。但是，对胡雪岩一生影响最大的人就是他的母亲——金太夫人。”“在这样的一个单亲家庭，一个没有读过什么书的寡妇，为什么能够把儿子教得如此出色？金太夫人给胡雪岩的就是一个健全的人格，这正是胡雪岩成功的基础。”

最打动我的那段话是：“面对窘困的家境，金太夫人从来没有在胡雪岩面前抱怨父亲早早离世，使得孤儿寡母无人照顾。现在的单亲家庭很多，不少父母整天在孩子面前抱怨另外一半，这样的父母本身心理就不健全。同样是单亲家庭，胡雪岩的母亲把他教得这么好，这是值得我们重视的。”

“不少父母整天在孩子面前抱怨另外一半，这样的父母本身心理就不健全。”醍醐灌顶，我似乎瞬间明白为什么在单亲家庭里长大的孩子比较容易“有问题”了——原来，是其父或其母的“心理不健全”传染给了他/她啊。其实，这种“在孩子面前抱怨另一半”，并不只是在单亲家庭里有，在双亲家庭照样如此——甚至，在双亲家庭里，这种抱怨还要更激烈一些。当然，以母亲在孩子面前抱怨父亲居多。

我相信，看到“以母亲在孩子面前抱怨父亲居多”，必定会有不少母亲出来批判我：你太偏激了。对此，我想提醒一下，请务必提高自己的阅读理解能力，搞清楚“居多”是个什么意思。此外，你看到这句话生气，还有如下几种可能：1. 你自己属于不太抱怨、不太发牢骚的母亲。那么，恭喜你，我为不喜欢传播负能量的你点个赞。我这里说的不是你，你犯不着生气。2. 你对号入座了，中枪了。如果是这样，那我必须承认一下，几乎任何真理、新观点在其尚未被广泛接受之前，都是“偏激”的；并且，“不偏激”的话，往往也就没什么价值，所以我基本不说。而对于一些有价值的话，你之所以觉得它偏激，其实，关键是因为你被刺痛了、受伤了。但问题是，我们往往只有在受到伤害的时候才开始觉醒。

峰回路转，我们接着聊聊单亲家庭的话题。如果是双亲一方突然离世，孩子由谁来抚养，通常是个没有选择的问题。但如果是离婚，双方对孩子的抚养权争论不下，孩子自己的意见也不明朗的话，法院一般会倾向于判定孩子随妈妈，因为，“众所周知，妈妈更有能力照顾好孩子”。对此，我想不负责任地乱说一句：法官极有可能是错的。通常，假如爸爸会再婚，孩子由妈妈带会更好（无论母亲是否再婚）；但假如爸爸不会再婚，则显然，孩子由单亲妈妈来带，要比由单亲爸爸来带更糟糕一些。

如果有单亲妈妈或即将成为单亲妈妈者看到这个武断的结论后很生气，那我向你真诚地道歉。并且，我也祝愿你能成为一个很棒的单亲妈妈，然后，以实际的漂亮的成绩单来推翻我的上述谬论。当然，我说的是“通常”，而不是全部，并没有将所有单亲妈妈都一棍子打死的意思。

我之所以以如此偏激甚或恶毒的方式说孩子跟着单亲妈妈不如跟着单亲爸爸，理由其实很简单：无论是否在单亲家庭里，妈妈都比爸爸更喜欢抱怨，更喜欢发牢骚。通常在单亲家庭里，妈妈可能不会抱怨爸爸怎么不好（假设爸爸已经不在人世了），但她们百分之九十九会经常在孩子面前表达“我一个人拉扯你是多么不容易”，尤其是当遇到孩子“不学好”或“不争气”的时候，单亲妈妈就更有可能流着眼泪讲述自己一个人带孩子的艰辛了。反过来想想，单亲爸爸可能会这么做吗？如果有可能，概率有多少？

写本文之前，我还看到另外一篇文章《自怨自怜，中国女人的文艺范？》，内容没有来得及看，但我觉得这个标题很棒。我们想想，在单亲妈妈们这种“文艺范”的熏陶下，孩子得承受多大的心理压力啊！他们的人格能健全吗？

与单亲爸爸相比，单亲妈妈更容易把孩子作为自己人生的重心，甚至生命的全部意义，进而把全部心思都倾注到孩子身上（通常来说，男人的人生追求要更多元化一些）。这其实是很危险的，因为，孩子在单亲妈妈的人生意义中所占的比重越高，则当孩子达不到期望值的时候，单亲妈妈的失望就会越大，埋怨也就会越多。相反，如果单亲妈妈能有更多的个人爱好和追求，对孩子的关心稍微少一些，则母女（子）关系会健康得多。

我很早之前就鼓励我妈有自己的爱好和追求，还奉劝她，绝对没必要把孩子看得太重，尤其是对于我这种不知好歹的儿子。我还对她说：“那些把所有心思全都花在子女身上的父母，根本就谈不上伟大，相反，他们其实是很可怜的。父母把子女当成生活的全部，并不意味着他们对孩子爱得有多深——且不说爱的方式是不是对了，而是，他们没有发现自我，没有找到自己的事情做，不注重精神上的成长。这样的父母，表面上看，他们很爱孩子，可是，一旦孩子表现稍微不如他们所愿，他们就会不高兴。他们特别喜欢在子女面前埋怨，‘我为你牺牲了多少’，仿佛受了天大的委屈一样。既然你是自愿付出的，那算得上‘牺牲’吗？并且，在孩子日渐长大、有了自己的生活之后，这些缺乏个体意识的父母，还无法做到精神上的断奶，他们无法接受孩子已经长大的事实，甚至对孩子‘已经不需要我了’感到无比恐惧。一旦儿女不在身边了，他们就会不知道‘我是谁’了，觉得‘活得没意思’。”

再回到主题。倘若这个单亲妈妈是离过婚的，并且，离婚原因是她被男人辜负了（或自认为被辜负了），那就更糟糕了，在女儿很小的时候就给她灌输各种负能量。比如，“男人没有一个是好东西”“你以后应该找个长得丑的男人，他才不会出轨”。可以预料，这个女儿，在长大之后，根本不具备拥有爱情的能力，爱无能。她或许各种硬素质确实很出色，却不会爱别人，甚而对男人缺乏信任，缺乏安全感，喜欢“作死”。这样，每一个跟她恋爱的男子，基本上都会被坑惨。实际上，这是在用她父亲的过错来惩罚无辜的男朋友。倘若不是她的那个单亲妈妈从小就向其灌输负能量，会这样吗？所以，这个可怜的女儿，真是被她老娘给害惨了。（“防人之心不可无”的愚蠢之处在于，一个人如果成天都活在“不可无”的“防人之心”

中，那他能活得轻松吗？能快乐吗？）

现在，我们再做个假定。如果夫妻俩离婚了（假定是妻子的过错），孩子跟着单亲爸爸。你觉得爸爸会天天向孩子灌输“女人没一个是好东西”这种愚蠢的论调吗？（如果会，肯定比女人散布“男人没一个是好东西”要少得多。）尤其是，单亲爸爸会教儿子怎么防范“坏女人”吗？

除了上面所说的这些情况外，单身妈妈比单身爸爸更容易传播负能量，还可以从以下一些事实中得到佐证：1. 通常，女人要比男人更容易有抑郁倾向，对生活缺乏激情。2. 女人也更难以持久地对一件事情/一个人保持激情。

当然，说句良心话，女人与男人在向孩子散播负能量方面表现出如此大的差异，其实与道德品行没有丝毫关系，主要还是女人太感性了，心理素质也不够好，因而，不遵守游戏规则。甚至是，她们即便是明知自己不应该向孩子灌输负能量，却还是忍不住那样做。

在传播负能量方面，我把女人说得这么“差”，是要犯众怒的，因此，我得再次声明，我说的是“大多数”，而不是全部。如果你还不服气的话，看一看，在你们自己家里，是你妈在你面前埋怨你爸多，还是你爸在你面前埋怨你妈多；再问问你同学家、亲戚家是个什么情况，就清楚了。当然，很多女人会辩称：“我们平时埋怨男人，只是随便说说啦，并不是真心的。”对此，我只能说声“呵呵”。你们是要情商低到何种程度才会搞出这么个“随便说说”的？

## 既然你前男友那么好，你为啥又来跟了我？

有人问："如果女朋友老是在你面前念叨她的前男友的好，说你不如他，你该怎么办？"

"直接列入'傻瓜组'！"对，就是这么简单粗暴。

虽然这个说法会让很多人受不了，但话糙理不糙，我们且慢慢分析。

对了，面对这种"女朋友"，换作是我的话，就会问一句："既然你的前任那么好，你俩为啥没有一起过上幸福的生活，而找到我这个'不好的'了？"

鉴于在大多数情况下，女生跟前男友分手，都不是友好协商之后的和平分手，我们就来考虑一下由其中一方提出分手的"极端情况"。

第一种：你很爱你的前男友，可是，是他主动提出分手的。

这种情况下，你说前男友很好，最大的疑点是：这个“很好”究竟是什么意思？是“他对我很好”呢，还是“他很优秀”？

如果是“他对我很好”，可是，人家为什么会甩了你？

如果是“他很优秀”，可是，一个在你眼里很优秀的人甩了你，不就正好说明了，在人家眼里，你配不上人家吗？或许，你会认为，他判断失误，低估了你的价值，可是，一个低估你的价值的男人，怎么能算得上“很好”呢？你如此高捧这样一个有眼无珠的臭男人，如果不是傻瓜，还能是什么呢？

总之，你前男朋友那么好，却还是甩了你，这意味着，你配不上那么好的人。我，虽然不够好，却是你所能配得上的最好的人选。说不定，你还高攀我了呢。

知足吧你。

第二种：你前男朋友很好，可是，你主动提出了分手。

既然人家那么好，你为什么不好好珍惜，甩了人家？请问，你究竟是傻瓜，还是傻瓜？

当然，第二种情况有一个派生的问题：前男朋友确实很优秀，也对你很好，可是，他“不小心”出轨了，背叛了你，你发觉之后，先发制人，甩了他。

可是，他对你那么好，为什么还会出轨？

女人一旦说出了“我前男朋友很好”这样的话，在逻辑上，就已经把自己推入了死胡同。

她们永远无法自圆其说。

实际上，你的那个前男友，在你跟他相处的时候，他绝不像你现在所说的好。只有当他出现在你的回忆中，被你当作棋子拿来向现男友示威的时候，他才顿时显得“高大上”起来。

人的回忆，天然具有一种添油加醋的能力，它能够对过去的一些无趣的甚至痛苦的东西进行浪漫化处理，正是在这种机制下，前男友才变得“好”起来。

但有的女生，身上真是有一种后悔型人格、遗憾型人格，对她们来说，已经错过的或得不到的那个永远比已经得到的要好。（男人身上也可能有这种情况，但并没有女人这么普遍。）

有这种人格的人，有一个倾向：无论跟谁在一起，过不了多久，都会审美疲劳。因为，她们永远认为，前任比现任好，下一任比现任好。前任和下一任，都很好，只有现任不好。

并且，她们当初在跟前男友相处的时候，也多半说过好多次“前前男友”更好；她们以后在跟下一任相处的时候，也多半会说“前任”更好。

这样的人，之所以后悔（遗憾），跟她当初选择了谁，其实一点儿关系都没有。事实上，无论是选择了怎样的人生道路，无论嫁了谁，她们都会抱怨。简言之，她之所以后悔或遗憾，并不是因为“当初选错了”，而是因为她是她——只要她还继续是她，只要她还继续被“得不到的（错过的）才是最好的”这种思维给奴役着，那么，无论当初怎么选择，她都会觉得是“错的”、不圆满的，都会遗憾或后悔。生命不息，后悔不止。

对她们来说，幸福永远都“在别处”。

如果你不幸中枪了，请不要辩解说这是“人性”。人性，不是自己情商低的挡箭牌。况且，一旦你把自己的一个弱点夸大成“人性”，那么其他人也会被冤枉。以前，常有人以“小人之心”来揣度我是不是更喜欢那个“未得到的”，每次，我都是像受了羞辱一样愤怒。这个揣度，实在太愚蠢。

人生有无数种可能，但我偏偏以为已经实现的这种可能性就是最好的，哪怕它只不过是个“失意的副产品”。在我的思维中，吃不到的葡萄固然是甜的，但已经吃到的那个，却是个“更甜的”。

刚才跑题了。现在，重新回到主题。

经常说前男友好的，不管是“有口无心”，还是真心这样认为，最终都无一例外地“作死”了。

第一种，正如你自辩的那样，“我就随口一说”，可是，哪个男人能长期地忍受你的低情商？尤其是结婚之后还这样“有口无心”，你让别人情何以堪、颜面何在？所以，对这样的女人，男人如果不主动甩掉她，那她最终所承受的一切不幸，都是活该。

第二种，即真心认为“我前男友就是比你好”的，那就更傻了。别人还没烦透她，她早就已经把自己折腾得累死了。在这种思维、这种比较中，她的痛苦指数会不断上升，最后，就作死了。

对了，前面说过，这种经常说“我前男友就是比你好”的女生，通常都爱无能，特别容易对现任审美疲劳。她们认为，下一任比现任好。现在，我们再看看，她们头脑中的“下一任比现任好”，究竟是上了哪门子当呢？

人们之所以经不起“新欢”的诱惑，认为新欢比旧爱强，最关键的原因是，她们总是拿着“新人”带给自己的新鲜感跟“现任”的“食之无味”做比较。几乎可以肯定的是，在这个缺乏理性的比较中，现任是必输无疑的。

可实际上，这种比较，对“现任”来说是很不公平的：你跟任何一个对象的关系，随着岁月的流逝，到最后都会进入“审美疲劳”的尴尬。

PS：

我本文所扯的，仅供参考。你如果真拿它来对付那个喜欢说“我前男友很好”的傻女朋友，万一出了事儿，我可不负责哟。要知道，能像我这么理智地、滴水不漏地来回答这个问题的人，肯定是不会有女朋友的啦。

## 只要标题一提到“男人”，女人就都哗啦啦点进去

“我在潘幸知公众号通过几篇文章发现一个有趣的现象，就是女人好像都不怎么关注自己。”蒋婵琴的这句话，一下子把我给搞蒙了。我不明白，“女人好像都不怎么关注自己”是个什么意思。

经她一解释，我才明白是怎么回事。原来是，潘幸知在线（一个主打情感类话题的自媒体，主要读者为女性）上的文章，“只要标题里出现‘男人’两个字的，点击量都特别高；而那些真正帮助女人自身成长的，她们反而看得少”，“只要标题一提到‘男人’，女人就都哗啦啦点进去”。

神发现！惊天的秘密。

我想起一件事。很早之前，我的一个女同事跟我说，她老公问她：“为什么你的朋友中，男人比女人多得多？”对这个令当事人尴尬的问题，我给了一个简单明了的答案：“跟女人有什么好聊的？”

然后，在场的另一个男性朋友说：“女人在一起，除了聊服装、聊老公和孩子，还能聊什么？”

说句涉嫌性别歧视的话，女人聚在一起时的话题中谈孩子和老公的比重，远远超过男人在一起谈孩子和老婆，这难道能说明女人爱孩子甚于男人爱孩子、女人爱老公甚于男人爱老婆？非也非也，因为大部分女人缺乏真正的兴趣爱好，她们的世界更狭窄。（诚然，大部分男人的世界也很窄，但总体上，女人的情况要更糟糕一些。）

我在大学时就发现，男生在谈恋爱的时候，生活会很丰富；而女生，一谈恋爱，基本上除了她的男朋友，就什么都没有了。甚至，很多女生，在大学期间，除了谈了一场自以为轰轰烈烈的恋爱，别的什么都没干。然后，等到毕业了，心智水平还停留在高中阶段；如果毕业时没分手还好，倘若毕业即分手，会特别惨。

也许，大部分女人在年轻的时候都不是这个样子，但结婚之后，确实就变成了这个样子。甚至，不少女生在年纪轻轻的时候就是这个样子。

我知道，有人看到这里会非常生气，觉得自己被冤枉了。那么，恭喜你，你可能就是我喜欢的那种女人，欢迎添加我的微信charitableman，勾搭我。

上面这一招，我用过好多次了，旨在平息那些被冤枉者的怒气，但我发现，那些真正被冤枉的人，看到我的“偏激言论”，通常是不会生气的；真正生气的，反而是那些“中枪”的。

鉴于“跟女人实在没什么可聊的”，我的亲密战友盛鹏辉曾经在朋友圈发了一句话：“如果不是生理需求，我想，大部分男人其实还是更愿意跟男人交流的。”自从看见这句话，我就更加觉得“男女搭配，干活不累”是多么荒谬了，最初发明这话的，一定是个饥不择食的男人。

言归正传，对蒋婵琴揭露的真相，我又来了个神补刀：“在爱里，女人最容易走入两种极端：自己围绕着男人转；努力地把男人驯服成一条会听话的狗，一切都围绕着她转。但是，她们就是很难做到自己围绕着自己转。”

有一次，我听见一个女生说：“现在，很多女生根本不屑于谈男生，太无聊了。”虽然，我也是男人，是她们不屑于谈的对象，但我还是为她这句话竖起了大拇指。是啊，不就是个臭男人吗，有什么值得你们谈的？

可以断定，女人越是把臭男人当回事，就越会依赖于男人，进而就越会缺乏安全感。

很多女人，最缺的就是自我意识。她们跟男人上床，不是为了自己爽，而是为了让男人爽；明明是可以互利共赢的性爱，她们硬是把它看作自己单方面做出的“付出”和“牺牲”；明明孩子是两个人的结晶，她们却会对男人说“给你们家生的”。当然，有这种“直男癌”思维，也不能全怪女人，她们也是被“直男癌”文化给“熏陶”成这样了。

似乎，她们人生的意义，就寄托在那些臭男人身上。连在微信上点击个文章，最关心的也不是如何更好地提高自己，而是与臭男人有关的话题。面对这些，专注于女性成长的蒋婵琴老师实在是看不下去了。

我们再来看看“恋爱中的女人智商为零”这个说法。如果你除了臭男人，别的什么也没有，当然会智商为零了。但如果你的世界很丰富，恋爱一定会让你更成熟、更睿智。恋爱中智商为零的人，放在不恋爱的时候，智商也高不到哪里去。

一份好的爱情，必然可以使你的人格更完善，整个人也变得更可爱、更充满智慧；在这段关系结束之后，还能不丧失爱的能力，并有能力“搞定”更出色的他。而最差的爱情是，你陶醉于其中，你以为

TA就是你的整个世界，你所有的一切都围绕着TA转，以至于你逐渐丧失了人格的独立性、忘记了自己是谁——最终，连你的TA也会嫌弃你。

我之所以认为金庸是比琼瑶更出色的“言情小说家”，主要原因就是：金庸笔下的爱情，主角基本上都是大男人、大女人，尽管他们都深爱对方，但他们都保持了原有个性，并没有丧失人格之独立性，在个人的精神世界里，他们自己才是唯一的绝对领袖；而琼瑶剧中的主人公，几乎都是小男人、小女人，我从他们身上所看到的，往往是“依附型人格”。（其实，琼瑶的作品我只是十几年前看过两部，金庸的作品也只看过三四部，“不完全归纳”的结论自然很不靠谱。）

臭男人，不该是你人生的全部。你要多做点能提高自己的事情，这样，你才会有“我不是离不开他”的自信，才会有更多的安全感。

## 从“文艺嫖客”受崇拜来看女人的品位

一朋友最近在看《蜗居》，是第二次看，跟其他很多的男女观众一样，她表示非常崇拜宋思明，说宋思明非常体贴女人，很善解人意。

我靠，宋思明体贴女人？对，可那是体贴二奶，而不是体贴老婆。宋思明善解人意？我自始至终都没有发现宋思明身上有“知心大叔”的气质，因为我未能从剧情的任何一个环节中发现宋思明跟郭海藻在一起时有一句共同语言，也没有发现他们之间有过什么有效的交流——宋先生同郭小姐交流的唯一方式，就是给她钱财以及跟她性交，连半句有水平的甜言蜜语都没有说过。

这位朋友跟我说话时还引用了宋思明同志那句“很有思想”的话：“凡是能用钱解决的问题，都不是问题。”我一下子就“气不打一处来”，毫不留情地说：“真是的，再垃圾的男人都有女人喜欢。你们这些女人啊，品位严重有问题！”（我承认，我在这里偷换了概念，因为，从严格意义上说，“崇拜”和“喜欢”并不是一回事情，这两者之间并不能画等号；可是，为数众多的女人往往是搞不清两者之间的区别的，她们对一个男人的崇拜之情很容易转化成爱慕之情，至于这个男人的人格如何，她们则可以搁置不论。）

这些品位有问题的女人，如果她们被那些垃圾男人玩弄了，不管下场多么悲惨，都是不值得同情的；因为每个人都应该对自己的品位负责，而不是出了问题就怨这个怪那个。不仅如此，全社会都应该尽情地鄙视并彻底地孤立这些品位低下的女人！

虽然我是以开玩笑的口气说这段话的，但我对品位低下的女人的鄙视之情，却是一以贯之的（正如我对某些男人的鄙视一样）——可能还是至死不渝的。我主张“彻底地孤立这些品位低下的女人”，这个立场也是很鲜明的。该朋友很不满地抗议道：“为什么要孤立人家？人家品位低下，关你什么事情？难道她们品位不低下，不喜欢那些垃圾男人，你们就有机会了吗？” 这个抗议，严重侮辱了我的人格——那些品位低下的女人，我怎么可能有兴趣呢？之所以坚决鄙视她们，是因为，她们的纵容使不太垃圾的男人敢于毫无后顾之忧地朝着垃圾的方向努力，使已经垃圾的男人更加有恃无恐——垃圾男人，往往都是品位低下的女人给惯出来的。

“人家品位低下，关你什么事？”当然关我的事情了：尽管我对品位低下的女人毫无兴趣，但是，品位低下的女人投入宋思明们的怀抱，还是会间接地导致我娶不到媳妇。你看，在海藻投入宋思明怀抱前，小贝是有媳妇的；海藻一变节，小贝就成了彻彻底底的屌丝了；小贝失去女朋友之后，必然要参与市场竞争。结果，他抢走了另一个屌丝B的女朋友，屌丝B再抢走了屌丝C的女朋友……以至于到了后面，屌丝Y抢走了我这个屌丝Z的"潜在女朋友"！

我知道，肯定有人在看到我将宋思明列为"垃圾男人"，将喜欢宋思明的女人定性为"品位低下"后会非常不满。因为，当年《蜗居》热播之后，宋思明在相当多的观众心目中是一个有思想、有文化的人——六六老师大概没有想到吧，她老人家的作品在拍成电视剧之后居然成了"励志偶像剧"——为数不少的男观众将宋思明视为偶像及奋斗目标，女观众崇拜、喜欢并爱慕宋思明——也不知，她们究竟是想成为宋太太呢，还是想成为郭海藻？

那么，宋思明真的值得崇拜吗？他是怎样的一个人呢？依鄙人之见，宋思明就是个"有文化的嫖客"！为什么这样说呢？因为，包二奶跟嫖娼之间是批发跟零售的关系。普通嫖客，当他们在"零售商"那里消费时，我们嘲笑他们。可是，当一个嫖客披上"文化"和"思想"的外衣，变成"文艺嫖客"，并且还进行批发式消费时，他就成为一些人崇拜的对象了——因为他们总是缺乏透过现象看本质的能力，"文艺嫖客"，在他们眼里，并不是嫖客。

我在上一段的后面几句，用了太多的引号，这是因为，我认为，宋思明的那点儿水平，尚无资格算是真正的“文艺嫖客”。宋思明的那些话，也根本算不上“有思想”，大都是些俗人之见，用林语堂老师的话来说就是“庸见”。宋思明就是一个俗人之见的“集大成者”！宋思明之所以被那么多观众认为“有文化、有思想”，是因为我们已经不怎么读书了。如果一个男人只看武侠小说、穿越小说、玄幻小说；如果一个女人只看韩剧、湖南卫视，要读书也只读安妮宝贝、琼瑶、郭敬明，那么，在遇见一个半桶水的宋思明时，他们当然会忍不住感慨道：“哇，好有文化啊！”

陈纯曾经有言：“在中国，很多女人说自己喜欢智慧的男人，但她们所说的智慧往往是唐骏和宋思明式的智慧，而不是孔子和苏格拉底的智慧。”照此逻辑，如果女人的品位不提高，将会有不少没骨气的男人被改造成高学历的骗子或者“有文化的嫖客”。

PS：

谈到“女人的品位”，我还想说几句题外话。

常常遇见或听说，一些女人，如果被某些男人玩弄了，尤其是被个别“高富帅”玩弄了，便倾向于一棍子打死所有男人，诸如“男人没有一个是好东西”；但是她们绝少或从来不反思自己是不是一个好东西，毕竟当初可是她自己选择了这个“臭男人”啊。当初是你自己有眼无珠、浅薄无知或者爱慕虚荣，他不过穷追猛打了两下子，你马上就半推半就地接受了，现在怎么倒全成了他的错了？明明是你自己品位低下，置真正爱你的人于不顾而选择这么一个家伙，却非要说他道貌岸然、表里不一、有始无终不可！我奉劝你们，与其期待这些猥琐男“你要对我负责”，还不如自己对自己的低级品位负责！

可偏偏是这样一些品位低下的人，还总能得到同情和理解。于是，品位低下者便春风吹又生，再接再厉，她们在被一个猥琐男玩弄之后，再去以同样低下的品位去选择另一个猥琐男。当然，她们的低品位进一步助长了另外一批人的肆无忌惮和嚣张气焰。难道男人不坏女人不爱的真谛便在这里？可是，你要真是心甘情愿地爱一个“坏男人”，便不要以受害者的身份自居，不要感到委屈。

## “恋爱饥渴症”与“恋爱恐惧症”

有朋友说：“女人比男人更缺乏独处的能力。”我不太确定这个说法是否符合事实，因为大多数男人也是无法忍受孤独的，寂寞男也比比皆是。

但基本上可以断定的是，总体上，女人的独立性要比男人差得多，对异性的依赖感也更强烈。譬如，有相当多的女人，宁可依靠一个垃圾一样的男人（她明知他就是个垃圾）来帮她缓解孤独感，并“宁愿”为此而忍受巨大的伤痛，也不愿意一个人自得其乐（不是“不愿意”，而是不具备这种能力），这就是因为精神上、人格上不够独立造成的。相比之下，众多男人的无耻在于，他们明明对某个女人没有强烈的feeling，却依然跟人家“恋爱”，试图让人家来帮他驱散寂寞感。

这种现象，可以称为“恋爱饥渴症”。恋爱饥渴症与性别无关，而只与一个人的空虚程度有关。一般来说，恋爱饥渴症患者的世界都比较狭小，精神生活都不够丰富，甚至根本就没有精神生活。同时，恋爱饥渴症必然总是跟“独处恐惧症”结伴而行，尽管独处恐惧症并不必然引起恋爱饥渴症——必要非充分条件。

与恋爱饥渴症“遥相呼应”的是“恋爱恐惧症”。这两者的区别在于：前者总是等待着被人爱，一直都在恋爱，可是，TA的感情却总是浓烈不起来，并且，从来都无法持久；而后者，通常都是“不敢爱”——曾经被深深地伤害过，有心理阴影，可一旦真爱上谁了，则必定是极其投入，感情极度炽热。恋爱恐惧症患者一般都不太把异性当回事，他们的幸福和快乐并不太依赖于跟一个异性结伴而行，因为他们往往都有着丰富的精神世界，有足够的能力享受一个人的精彩。也正因为如此，恋爱恐惧症患者往往都有很强的独处能力，甚至，有的人还有“独处饥渴症”，即极不情愿与他人交往。

恋爱饥渴症患者的爱情准则是“宽进严出”，即他们在跟一个异性刚接触的时候并不怎么挑剔，设置的门槛并不高，甚至是到了“饥不择食”和“宁滥勿缺”的程度。因此，让TA对一个人动心并不是一件很难的事情，然而一旦真正接触起来，TA便立刻追求完美来了，用自己那一套严格的标准来考核对方，稍有不满，便立即淘汰。这样，TA所经历的每一份感情都是有始无终——尽管这并不是TA想要的结果，甚至连TA自己也很讨厌这一点。而恋爱恐惧症的爱情观则遵守着“严进宽出”的法则，即他们坚持着“宁缺毋滥”的原则，从不轻易坠入爱河；然而，一旦开始了一段新的感情，他们便会把长期以来的心理阴影和恐惧症都抛到九霄云外。因为能够打消TA的恐惧症，让TA义无反顾地选择“开始”的一份感情是来之不易的。所以，TA必定会全力以赴，用心经营，而不是像恋爱饥渴症患者那样只是“随便玩玩”。

恋爱饥渴症患者都是水性杨花的，并且还是薄情寡义的——到了下一站，上一站遇到的人都变成了TA生命中的过客，绝不留恋。这样的人，即便是在表面上风流韵事不断，却仍然不具备爱的能力，因为TA的灵魂是空虚的，或者干脆连空虚的灵魂也没有。因此，他们是既可恶又可悲的。而恋爱恐惧症患者往往是极其专一的，并且还特别痴心，甚至专一和痴情到了“拿不起、放不下”的程度。从表面上看，他们一直是孤单的、落寞的，但实际上，他们是真正具备爱的能力的——因为，一个人能从一份爱情中收获多少，往往与TA的付出和用心程度成正比；甚至，用心去付出，这本身就是收获。从表面上看，恋爱恐惧症患者是可怜的，但实际上，他们又都是真正既可爱又可敬的人。

有人说，本文的总结明显偏向恋爱恐惧症患者。对此，我完全承认。不过，这并不是作者偏心，而是，恋爱饥渴症患者，基本上都是追求起来很主动，但甩起人来也很积极、很干脆，没心没肺。费翔的歌《现在流行什么》里面有一句“疯狂地追求，短暂地拥有”，用来描述恋爱饥渴症患者很贴切。而且，很多情况下，情感心理状况健康的人，正是因为屡次受到“恋爱饥渴症”患者的伤害，才患上恋爱恐惧症的。在某种情况下，恋爱饥渴症患者在对自己的症状厌倦之后，或者，在遇到比自己“更饥渴”的对象并且被深深地伤害之后，也会转化成恐惧症患者；但这种“半路出家”的恐惧症患者，对爱情的态度要比那些“原汁原味”的恋爱恐惧症患者消极得多。具有讽刺意味的是，一个恋爱饥渴症患者被另一个“同行”所伤害或玩弄，这多少有点“黑吃黑”的黑色幽默。

恋爱饥渴症患者中，以男性居多，尤其是二逼男青年；恋爱恐惧症患者中，以女性居多，文艺女青年尤其喜欢以此自诩。但是，女人一旦饥渴起来，比男人更饥渴；男人一旦恐惧起来，比女人更脆弱。

PS：

1. 本文中用“症”和“患者”这样的词语，只是为了表述方便，而不是要“贴标签”。事实上，不是每一个患者都有病，也不是每一个没有症状的人都是健康的。

2. 据说，爱情饥渴症患者，其心理根源是从小缺少母爱，所以日后与人交往格外地缺爱，对于欠缺的母爱希望能从他人身上得到补偿；同时又有着深深的不安全感，随时害怕被抛弃，因而一有动静宁可去做那个主动抛弃对方的人，以免遭被抛弃的命运，但因为依赖又往往不能成功。

## 婚姻高危人群，你上榜了没?

最近几年，离婚率不断攀升。

但离婚率，在各种不同的群体之间，并不是均衡分布的。研究发现，收入、职业是婚姻成功与否的关键因素。比如，“女强男弱”的婚姻更容易出现危机；又比如，从事与人交流多、压力大之类工作的人更容易与伴侣感情破裂，离婚率较高。

### 不需要依靠男人的女人

经济学家梁小民认为：“人们选择离婚，是因为离婚的收益大于成本。”离婚所付出的成本主要有财产分割的损失、离婚付出的赔偿、再婚的成本等。

显然，有钱人更有能力承受这些成本。

鉴于离婚率的上升主要与女性经济、社会地位的上升有关，大多数离婚也由女性提出。那么，要给“容易离婚的群体”做个排名榜，“能力强的女人”显然最有理由夺冠。

事业能力越强的女人，婚姻系数往往越低，这是个比较普遍的规律。男人功成名就之后生出点小花花心思，家里的老婆往往还能选择隐忍，几千年的传统摆在这儿了。但如果女人功成名就之余又开始追求罗曼史，家里的老公就很难容忍了。而且，相比于男人，女人更容易在任何一段恋爱中投入感情。男人对待外遇，多半是游戏；但女人对待外遇，多半是认真的。有诱惑，男人会出轨；有诱惑，女人会出轨，并且离婚。

此外，一个女人，一旦经济能力更强或学历更高，那么她对于幸福生活的要求也就会更高，于是对平淡婚姻的容忍度就会更低。尤其是，一个女人接受的教育和知识越多，对精神层面的要求也就越高，她不仅仅需要一个物质质量稳定的男人，更加需要一个精神质量稳定的老公、一个更好的精神交流平台。但这个平台到底是个什么东西，男人搞不清楚，于是，只好屡屡被她抛弃！

值得注意的是，“女比男强”现象在70后和80后的婚姻中都很普遍，这种颠覆“男主外女主内”的经济关系，让男女都比较容易产生困惑。一方面，丈夫继承了传统观念，认为家务事就应该是妻子来做；而另一方面，丈夫在客观上却不是家里的“顶梁柱”，女人难免会产生“凭什么我养家还要我做家务”的埋怨。

当双方无法达成和解时，婚姻就破裂了。

## 跟男人步调不一致的女人

与那些因为有资本对男人说“我不是离不开你”而敢于离婚的女人形成对照的是，那些在经济上、心理上过分依赖男人的女人也容易离婚。不过，不同于前一个主动提出离婚，后一个群体是“被离婚”。

“我们在2014年度的全国婚姻调查里发现，全职太太已成为‘最危险的职业’，而80后则成为离婚率最高的群体。”5月初，国内著名婚恋挽回机构“情天在线”在成都举办了一场“幸福公开课”。主要围绕当前社会最受关注的“全职太太”群体在婚姻里如何做好防守、如何能够让爱在婚姻里保鲜等话题进行探讨。

“情天在线”两性情感研究创办人、资深情感顾问左亮坦言，在婚姻里，全职太太所面临的老公出轨率和离婚率稳居榜首。根据《新婚姻法》，全职太太一旦离婚，便有极大的可能性净身出户。

全职太太一般是指没有工作或辞去工作，只在家里照顾一家人衣食起居的家庭主妇。

很多女人自恃“反正我老公能挣钱”就不出去工作。这些宅女——说得文雅一点，可以叫“居里夫人”，每天的生活只是逛逛街、打打麻将、刷刷淘宝、聊聊微信。如果你每天的状态都是这样，那就要警惕了。

当一个女人全无一点个人收入，每个月只靠着从老公那儿领生活费过日子，那她就成了一只软柿子，人家想怎么捏就怎么捏。一个每天无事可做的女人，每天都有“被离婚”的危险。

“在我接到的挽回案例中，30%都是全职太太的案例。”左亮坦言，现在80后的全职太太出现婚姻危机较多，“这个阶段的全职太太通常把心思都放在还很年幼的孩子身上，而在外打拼的男性正处于事业的爬升期，这时候因男性出轨以及步伐不一致的家庭矛盾导致离婚的较多。”

“老公在不断地成长，每天在外界见多识广，也会见到许多比自己太太强的女人，这个时候男人通常会潜意识地把二者进行对比，就会觉得自己的太太只会做饭、带娃、打扫清洁，认为太太就是一个寄生虫。通常到了这个地步，婚姻就会出现危机。”左亮表示，一些男士把自己的太太带出去，才发现她已经脱离社会，不知如何交流，感觉很丢人。

“但这种想法忽略了太太在家庭里的价值。事实上，一个全职主妇的工资如果算下来，应该比教授的还要高。全职太太本身扮演着保姆、幼师、营养师等多重角色，但在外打拼的男人却不会完全发现这些价值，同时也会因为不懂得表达造成双方之间的关系恶化。”左亮表示。

“当全职太太是现代生活的一种选择，女性如果选择了这种‘职业’就要用心去‘扮演’。当全职太太只有热情和愿望是不够的，还要有当全职太太的心理准备和生活技能。选择做全职太太就要把握自己的命运，还需要有自己的生活，有自己的事业，不做附属品，才能拥有自我，保护自我！”左亮表示。

## 抛头露面多的职业

成天宅在家里不出门固然会被离婚，但那些经常在外抛头露面的人，婚姻也容易遭遇危机——不过，他们往往是那个“率先发难者”。

文艺工作者，无论是男性还是女性，都会让自己的伴侣“缺乏安全感”。

不可否认，文艺圈中的男性和女性往往都是婚姻的热门人选，都是异性的梦想伴侣。但是，跟这种容易“招蜂引蝶”的人结婚后，你也许会整日坐卧不安。因为，尤物，人见人爱，你把她带出去固然“有面子”，但是，还带得回来吗？

日本woman. mynavi网站在将449种不同职业比较之后，发现离婚率最高的职业是舞蹈家、编舞师，约为43%。接下来离婚率较高的是调酒师和按摩治疗师，约为38%。另外，护士、心理医生、家访护理师、艺人、艺术家、从事与运动相关的工作人员、接待员、电话销售员等，离婚率约为28%，几乎是并列。

这里我们注意到的是，排在前面的高离婚率职业似乎都与人的接触比较多。也许当和他人接触越多，心扉动摇的瞬间也会变多，从而就导致离婚了。

不过，关于心理医生的离婚率高，其原因要更复杂一些。一方面，因病人须对心理医生吐露自己的全部，可能便会变成介入医生婚姻的小三；另一方面，心理医生可能有职业病，会把自己的另一半当成病人对待，或者，他们也很可能会透过所受的专业训练，去操纵另一半的想法，这会使另一半感到不安，因而提出离婚。

## 家庭与事业不可兼得的“加班狗”

前面几个群体的离婚都算不上有多不幸，真正最苦逼的，也许是那些工作太忙而没有时间顾家的“加班狗”了。

在过去的十多年里，连续多次有人在网络论坛里面发帖称“警察是离婚率最高的职业”，并且，一则来自英国的新闻似乎又佐证了警察的离婚率高乃是“与国际接轨”。

两年前，网友“蜀山小剑仙”发帖称：短短的一个月时间，我们单位又有两名同事离婚了，一个只有38个民警的派出所居然有8个人是离过婚的，自己算了一下，大概是21%的离婚率，不禁有些让人吃惊。因为基层派出所基本上都是以35岁以下的年轻人为主，这个离婚率可能还会随着时间推移继续升高。和一些老同志谈起这事时他们并不惊讶，而且还说我们单位算好的了，隔壁一派出所曾经一度达到三分之一之多。看来在当今的社会，没有哪一个职业的离婚率能和警察比了。

那么，是什么原因导致警察离婚率居高不下呢?

警察的工作时间极不稳定，为了工作不能很好地照顾到家庭，对于父母、妻子和孩子来说，警察不是一个称职的儿子、老公和父亲。“记得2012年九一八反日游行的时候，我们单位一个警察的婚礼原定在那天举行，可是接到命令，他只能取消婚假，立即投入到维护秩序的警卫行动中去，而新娘及所有的宾客都在婚礼现场等着新郎回来，等到天黑的时候新郎打来电话，说现在还走不开，让新娘一定等着他。新娘不说话只是哭，后来晚上8点多了新郎才回到婚礼现场，开始举行婚礼。女人最重视的婚礼尚且如此，其他的还有什么能得到保障呢？”

因职业原因而影响婚姻的，还有服务员、保姆、厨师、工匠等。

餐厅里遇到服务员、医院碰到护士，可能会觉得对方是个有礼的好人。但当这些服务员在站了一整天后，又饱受粗鲁与无知客人的恶气，还无法带足够多的薪水回家，使得他们可能会对另一半出气，并很难在婚姻上保持专心。

广告从业人员和媒体从业者这样的“加班狗”，日子也不好过。

从这些领域的人来说，加班是常态。男人普遍接受不了一个比自己回家还晚的太太，而女性对长期回家太晚的男人，也不会有多少好感。所以，在去年的一份调查中显示，很多人在选择结婚对象时，会把广告从业者、媒体从业者、IT从业者这些职业的异性列入“黑名单”。

写完上一段，我吓出一身冷汗，看来，是该考虑一下，要不要转行了。

# 第三章
# 女左，男右

LOVE

男人和女人有了争议，通常，男人喜欢用说理的方式、辩论的方式；女人不跟你讲理，她只要你爱她。只有你爱她，她才会对你好；你如果跟她讲理，你就死定了。

## 男人与女人对异性性幻想之差异

1. 男人很容易对他遇见的颇有姿色的女子产生性幻想，尽管他并没有对这个女子真的动情；女人很少对自己不爱慕、不崇拜、不欣赏的男人产生性幻想。

2. 男人很少在离开屏幕的时候对某个女明星产生性幻想，仅仅是在那个女人出现在屏幕上时他才会发出感慨："如得此佳人与我共度良宵……"女人则可能常常对某个男明星产生性幻想，尤其是在她与自己的伴侣关系紧张的时候，这种可能性更大。

3. 男人在一起无聊时喜欢谈论自己的女人以外的女人来联络"革命感情"，女人在一起则谈论自己的男人比较多，或骂之，或为他感到自豪，向别的女人炫耀。

4. 男人通常在"兄弟"面前以生活作风败坏为荣，偶尔有几个作风正派、用情专一者几乎总是被他的"兄弟"们鄙视，他甚至会为自己的作风优良而感到自卑；女人即使在闺密面前也不太轻易显示自己也有“水性杨花”的一面。

5. 女人对男人的佩服或崇拜之情很容易转化成爱慕之情；男人往往认为他所佩服和崇拜的女人“可远观而不可亵玩”，慕而不爱，男人或许偶尔会对这个女人有性幻想，但绝少有性冲动。

6. 男人的无耻之一表现在他费尽心思玩弄、伤害过某个女人后，内疚感少（或者根本没有内疚感）而胜利感强烈，以胜利者的姿态得意地说：“这个妞真傻。”女人在被无耻的男人玩弄后，一方面骂男人真不是好东西，另一方面却带着依赖心理怀念那个男人的某些好处。

7. 玩傻妞的男人并没有意识到自己之所以玩“傻妞”是因为自己没有足够的实力和自信心去玩“不傻的妞”，他的水平只配玩“傻妞”。所以，玩“傻妞”的男人自己档次就不高。有本事你玩弄几个水平在你之上的女强人试试？女人骂男人不是东西，有的是被骗，值得同情；但更多的骂男人的女人是在知道了这个“臭男人”的庐山真面目之后还继续与他厮混，这些女人首先应该反思自己的品位，而不是急着责骂男人——你连那个不是东西的男人都不愿舍弃，那请问你自己又是个什么样的东西呢？

## 男人与女人择偶观之差异

1. 如果男人的择偶标准把对方的姿色放在第一条，被认为“实属正常”；若女人择偶时把对方的容貌放在第一条，则多被认为“浅薄”。

即在“容貌一票否决制”面前，男人有权利，甚至应该“浅薄”，而女人则无资格“浅薄”。

2. 如果女人看中的是男人的财富现状（或者被认为如此），则男人会埋怨女人“太现实”。如果女人看中的是男人的“未来价值”，则男人并不嫌她物质，相反，会欣赏她判断“潜力股”的眼光。这种情况下，女人的“物质”增强了男人的自信心。

3. 没钱的男人因为“条件差”被多次拒绝之后会抱怨女人太物质；有钱的男人，如果其在情场竞争中输给了没钱的男人，则会埋怨那个不选择她的女人“不明智”。女人的“物质”让一部分男人不满，但女人的“不物质”也让另一部分男人失望。

4. 男人都希望自己的女人能够抵御别的男人的物质诱惑，却总试图用自己的物质去诱惑别的男人的女人；女人总希望自己的男人不要用兜里那点破钱去诱惑别的女人，自己却可能一不小心就被别的女人的男人用物质给诱惑了。

5. 如果女人择偶实行“经济条件一票否决制”，虽引起众多男性（尤其是穷男人）不满，但通常可以得到同性伙伴的认同，尤其是那些选择“潜力股”的女人更被认为是很聪明、智慧（实际上，选择“潜力股”与选择富二代不过是选择财富现值与未来价值的不同，而不是这个女人“物质”与“不物质”的区别）；而男人择偶时若把对方的家庭财富、权势、地位等因素看得过重，则多被同性伙伴认为“没骨气”——当然，还有一批“更加没骨气”的男人一方面“鄙视”那些为了权势和财富而选择做毫无爱情基础的上门女婿的同伴，另一方面内心却对这些上门女婿羡慕不已。

可悲的是，个别精于算计但毫无智慧的女人拒绝了真正的“潜力股”却“卖身”于披上富二代外衣的骗子。

6. 女人择偶时很看重男人的“才华”“能力”和“事业心”，但如果男人的“才能”和“事业”不可能带来财富，那在她眼中究竟算不算才能和事业呢？

男人也看中女人的才华，但是如果女人的才能和事业使她看起来没有“女人味”，并使相形之下黯然失色的男人显得没有“男人味”，此时他要不要犹豫呢？

7. 自知实力不足的男人往往明知姿色非常能打动他，并且是仅仅靠姿色才能打动他的女人只适合做情人而不适合做老婆（众多情敌虎视眈眈，使得漂亮老婆的价值倍增，因而“长期持有成本”太高），但他还是希望“找个不适合做老婆的人做老婆”；自知魅力不足的女人明明知道“绩优股”男人忠诚度不高，却还是不愿意“错失良机”，并且问题暴露后还是舍不得将其“抛出”。

8. 有的女人很不幸，她选择了包装成“潜力股”模样的“垃圾股”，但在追悔莫及的同时还在幻想他能升值，不愿“抛出”；“条件好”的男人择偶最担心的问题之一就是，当有朝一日他和女人“不能良好沟通”时被“套牢”——想抛却抛不出，除非付出经济上的沉重代价。

## 男人的无耻与女人的无奈

1. 男人的无耻表现在他们会在一起交流“嫖娼心得”，并以这方面阅历的丰富感到自豪。只要女人或其他“虚伪男人”“胆敢”质疑，他们总会拿出诸如“作为一个男人，如果不潇洒一回，不就白活了？”来辩白。

尽管这种嫖娼理由毫无创意，但总让反驳者感到无奈。你如果质问此类男人，他是否可以接受女人，尤其是自己的女人偶尔去找“坐台先生”，他准跟你翻脸。他不仅不能接受女人这么做，甚至不允许女人有这种念头。

2. 男人为自己的嫖娼行为找出来的另外一个“正当理由”是：应酬客户，这样做也是为了多赚些钱，让老婆孩子生活得好一点。其实，这是在以关心爱护老婆孩子为借口制造了一个伤害老婆孩子的结果。

3. 如果经济条件和身体条件允许，大多数男人都希望推行一夫多妻制度。但绝少有男人赞成“一妻多夫”制度，甚至连好多女性也“不敢”假设有这么个制度。

4. 有句俗语“男人有钱便变坏”，其实这个说法不准确，不全面。现实是，好多男人在没有钱的时候就有着将来“变坏”的打算。这些男人是先立志“变坏”，然后为“变坏”这个目标去奋斗（赚钱），最终达到“变坏”的目的。据我了解，一些吃了上顿没下顿的男人也计划着有朝一日能有情人。

所以，“饱暖思淫欲”这话也只说对了一个方面。是未饱暖的时候就有淫欲，为淫欲所做的努力顺便解决了饱暖问题而已，在饱暖问题被“捎带”解决了之后，又有更多的精力去满足淫欲了。

5. 男人常常指责女人虚荣心强（好多情况下，女人希望“嫁个有钱男人”，并非她们自己的真实意愿，仅仅是因为这是世俗眼中的“幸福标准”而已），其实，难道男人的虚荣心就不强吗？男人会为了“向别人炫耀”而选择一个他并不爱但很漂亮的女人。

但很少有女人指责男人的虚荣心，很少有女人意识到男人在同伴面前炫耀嫖娼经历也是满足其虚荣心的一种表现形式。

6. 有些男人一方面指责“现在的女人太物质”了，但他自己却有为了物质而“忍辱负重”去做“上流社会”的上门女婿这种打算——好多人精于算计，在婚姻交易方面非常聪明，但看不出他们在生活的幸福方面有任何智慧。我对上门女婿并无偏见，但我认为“图人钱财与权势”的上门女婿与傍大款的女人，除了性器官与第二性征之外，没有任何不同。这些男人与女人谁也没有资格瞧不起对方。

7. 男人很少乐意看到妻子的收入、职位比自己高，因为这将伤害到他“作为男人”的自尊心和面子（偶尔有个别男人的老婆确实收入和职位比较高，其他男人也常常在想这个家伙是不是在“吃软饭”）。按照这个逻辑，女人选择收入比她自己高的男人做老公应该是“不会伤害男人自尊”。但是，如果真有女人这么选，男人很容易怀疑她是不是“很物质”，即在男人看来，高收入男选择低收入女是明智的，但是低收入女选择高收入男则是“有企图的”——这两者尽管结果相同，但选择权的行使主体截然不同。

8. 大多数男人都希望，即使在他穷困潦倒时仍能娶到自己心仪的女子，一旦女人这时候提出“你将来拿什么养我”这种“很现实”的问题，男人便开始居高临下地看待这个女人：“你怎么这么物质啊？”男人甚至希望在自己一无所有的时候女人也对他不离不弃，却不去反思自己能对女人尽怎样的责任，尽到了怎样的责任。

9. 好多男人常常把女人当作“用”的对象，如在农村，男人往往会把女人当作生孩子的工具（可笑的是，作为“报应”，上门女婿也几乎总是被当作传宗接代的工具来对待的）。

在《复旦女生：你将来拿什么来养我？》一文后，有个男生回复了一句：“不是用来养的，是拿来用的。”我曾与一个澳洲朋友交流中国的传统文化，谈到传言中的秦始皇妃子N多，这个澳洲人的第一反应是：“If he used one each day, then it would take him XX years.”，可见，把女人当作男人“use”的对象，不仅是中国人的观念，西方人也这么想。但女人如果“敢”仅仅把男人当“use”的对象，不管是性方面的use还是钞票方面的use，准被大多数男人视为“公敌”。

估计有部分男性朋友看完此文又要质问我了：“你替男人说话还是替女人说话？”我的答案是：我不知道我为谁说话，但我很清楚自己不会替嫖客说话。

为了安慰一下以上“被批”的男人脆弱的心灵，我也质问某些女人一句：一些“事业心不强”的男人的确是为了自己所爱的女人和孩子（有时甚至父母也不在首要关爱之列，男人常常为此感到内疚）才去努力“追求”他并不热爱的物质条件，但女人向“无事业心的”男人施加他并不感兴趣的“赚钱压力”又是为了谁呢？

说她们施压让男人赚钱是为了孩子，我相信，但说她们施压给男人去做自己兴趣并不浓厚的事情是为了这个爱她的男人，我表示怀疑。老公的“事业”也常常是女人在同伴面前炫耀、满足虚荣心和面子的一个资本，即使女人的理智告诉她强迫老公“有事业心”未必能让她和孩子活得更幸福，但是为了能跟同伴攀比“谁的老公更优秀”，她还是会努力“培养”男人的“事业心”。如果我的这一段“猜测”不准确，还望广大女性读者朋友们谅解，我前面连续几段都在“替女人说话”，仅仅有这么一段是“替男人发问”，这个做法不过分吧?

## 女人所追求的浪漫，到底是个什么鬼？！

看到一位朋友修改后的QQ签名：“浪漫被岁月滴水穿石！”我当时正好闲着没事，便开始在键盘上码字，来谈谈男人与女人的浪漫观有何不同。

我无法使用精准的语言来给浪漫下一个定义，甚至也没有能力举几个例子来说明究竟怎样才算浪漫；但直觉告诉我，女人与男人对浪漫的理解是有区别的，并且，女人似乎比男人更加渴望浪漫。

在通常意义上，女人对浪漫的追求，主要是期望男人能制造点浪漫来哄她们开心，而非她们自己制造点浪漫来给男人惊喜；男人对浪漫的追求，也是盘算着怎么弄点新花样来哄女人开心，而非期待女人制造点浪漫感觉来让他陶醉一下。从这个意义上说，在浪漫情境中，男人往往扮演的是给予者的角色，而女人往往扮演的是接受者的角色。

此外，女人，即使她自己不擅长浪漫，也希望男人能对她浪漫；而男人，如果他自己不懂得浪漫或者不屑于某些形式上的浪漫，他是不会指望女人能对他浪漫的。至少可以说，在浪漫方面，女人对自己是低标准，而对男人是高要求；男人对自己是高标准，而对女人的要求比较低。

另一个明显的差别在于，男人通常只会在热恋期或蜜月期才有制造浪漫的热情；而女人，即便是在婚姻进入了枯燥乏味的“无聊期”，也“不切实际”地希望能够浪漫一下——其实是，婚姻越乏味，她们便越渴望浪漫。故而，在婚姻中，男人浪漫水平的“每况愈下”常常让女人感到失望；同时，女人的“无理要求”也越来越让男人感到疲惫和厌倦。

这里还有一个悖论：擅长浪漫的人可以为婚姻保鲜，提高其质量；可悲催的是，婚姻的无聊本质，终究会将我们身上的浪漫色彩消磨殆尽，鲜有例外——例外当然有，但是那只存在于历史中、文学影视作品中、文人骚客的回忆录或传记中或你我情书中勾勒的画面里。

当然，我说“婚姻的无聊本质，终究会将我们身上的浪漫色彩消磨殆尽”，这是夸大其词的。实际上，一旦有外遇的机会降临，我们身上的浪漫气息便立刻被重新激活。男人重新捡起了向女人献媚的武器，而女人则重新得到了被取悦的机会。

除去婚姻的乏味本质这个原因之外，女人之所以有外遇，往往是因为她遇到了一个愿意并且也懂得如何给她浪漫的男人；男人之所以有外遇，往往是因为他遇到了那个他愿意花心思为她制造浪漫的女人。

不懂得浪漫的男人，往往让女人觉得“没意思”，甚至心生轻视之意；可是，太擅长浪漫的男人，往往让女人缺乏安全感。在婚姻期内，女人如果嫌弃自己的男人不够浪漫，便可能对那些擅长浪漫的男人心生好感（尤其是当她们的闺密或发小向她们炫耀幸福的时候，她们的这种感受很强烈），甚至是向往；同时，她们又很惧怕自己的男人跟别的女人搞浪漫。男人，一方面不愿意让自己的女人被别的男人的浪漫俘虏，另一方面却企图拿自己那点儿拙劣的浪漫激情去蛊惑别人的女人。

浪漫气息与物质无关，但不幸的是，它常常与物质的东西挂钩。送花、喝红酒、吃西餐、看电影，这些消费行为往往被认为是（尤其是被女人认为如此，女人似乎更注重“仪式感”）浪漫的标志；可是，偏偏有不少男人认为这样的浪漫“没有技术含量”，他们即便是自己没有能力制造出“有技术含量的浪漫”，也不屑于这些“没有技术含量的浪漫”。当然，不排除为了取悦女人，他们也可能会偶尔采取一些自己所不感兴趣的方式。

浪漫气息也与贫富程度无关，可是，在某些人的眼中，它却是与贫富有关联的。譬如，你很穷，骑摩托车去拜访丈母娘，她拿你与凑巧在现场的“有本事的”大女婿一比较，立马嫌弃你寒酸，你的未婚妻也觉得脸上无光，异常尴尬；在你拥有了法拉利之后，若偶尔两三次异想天开地骑自行车带老婆兜风，她会觉得你很浪漫、有情调，得意地向她的发小炫耀。不过，前提是她有品位，懂得欣赏这种浪漫。当然，也不能一概而论，譬如在学生时代，女生就认为穷男生骑自行车将她从杨浦带到外滩是一件很浪漫的事情。不过，这种事情，也许仅仅是在“无知少女”眼里才算得上浪漫吧？

写到这里，我突然心里很不安——本文似乎有“性别歧视”之嫌！我向来号称是一个女权主义者，以向女性献媚为最神圣之使命，如今突然笔锋一转，搞性别歧视，这很不像我的风格啊，也绝非我的初衷。在此，我要向所有被误伤到的女性道歉：我的所谓“歧视”，绝非有意为之，而是我与女人接触得太少，对女人的了解还不够深刻所致。如果未来老婆也在我的误伤对象之列，那我现在就乖乖地认罪了——我之所以对女性的了解太肤浅，就是因为你千呼万唤不出来，来得太晚了。我还得借此机会趁早向未来老婆大人表忠诚：前面提到的“外遇与浪漫”的问题，只是我对其他男人观察得出的结论，但不适合我这样的奇葩——“此地无银三百两”欲盖弥彰？一旦您老人家在未来发现我口是心非，我将尝试所有我能想得到的浪漫方式向您忏悔。

## 情人节的玫瑰花，究竟是媚俗，还是浪漫？

情人节的前一天，一位女性朋友问我："我一直不喜欢别人送花，是不是太没有情调了呢？"我答道："你太谦虚了。你不喜欢送花，并不是不懂情调，而只是你不喜欢形式。"

然后她说："你了解我了！"

其实，她错了，她的这种激动，有点"自作多情"。我并不了解她，我的解读之所以能够正确，只是一种巧合而已，我是"以己度人"，才不小心说穿了她不喜欢送玫瑰花的真实原因。

随后，我又补充说："我就从来都没有给人送过花，估计以后也永远不会送吧。"我也喜欢浪漫，但我追求的浪漫，更侧重一种气质，而不是形式。你搞出一种创造性的浪漫，还可以自我陶醉一番，自己的能力也有提升；但如果只是借助于一种仪式感来向别人献媚，会觉得少了些趣味。

情人节送花，与广大男女爱情的深浅并没有多大关系，而是一群无知少女以及诸多不会向女人献媚的男人被商家忽悠的结果。“好多收到花的女生其实也并不喜欢花，她只是需要一种被重视、被疼爱的感觉；男生也不喜欢送花，但他需要通过这种形式来表达自己对对方的重视和疼爱——这个时候，男生送花，其实是想让自己的行为达到某种‘安全底线’。所谓‘安全底线’，意即在大多数情况下，你送了花，女朋友未必会有多开心，但你不送花，女朋友必然不开心。女生啊，就是要通过作来检验‘你到底爱不爱我’。”

在商家的浑水摸鱼下，玫瑰花中的爱情味道日渐淡化，送花常常象征着一种敷衍、一种智力上的懒惰——因为，有这种简单易行的象征“我爱你”的礼物存在，情侣们只需要花点钱就够了，而不再需要动脑子去思考、去制造既不花钱又能给对方意外惊喜的“创造性浪漫”。

以前看到一篇文章《小资情调是浪漫的最大杀手》，内容我忘记了，但这个标题，已经足够说明一切了。

这两年，国产电影大片上映后，总是叫骂声一片，但票房收入屡创新高。有人分析原因说：“烂片满足了广大人民群众约会的需要。”这个解释，真是太给力了。想当初，我第一次约会的时候，有哥们儿就建议我提前买两张电影票，我是坚决不同意：“人家千里迢迢来找我，就是为了看一场电影？”他们都说我太缺乏情调、太不浪漫了。

我所理解的浪漫，是一种精神气质，与电影院、巧克力、红酒和西餐什么的没有必然关系；相比之下，以一种有趣的方式吵架，也要远比进电影院更加接近于浪漫的本质。如果约会谈得不投机，那看电影有什么用？如果谈得投机，心思肯定都在对方身上，那电影还能看得进去吗？人们在谈恋爱的时候，往往需要借助于电影院、公园、KTV、红酒、西餐诸如此类的环境来“营造气氛”；但是，如果两个人相处得足够自然，并且双方都极其富有情趣，两人在一起时即使有片刻沉默不语也不觉得尴尬，那就没有必要去刻意营造什么“氛围”了。因为，在一种“你中有我、我中有你”的关系中，客观环境所形成的氛围是没有什么用处的；真正有价值的“气氛”乃是从每个个体身上散发出来的气息和磁场——这个气息和磁场，能够将对方纳入自己的辐射范围之内。

当然，送玫瑰花、进电影院看两个人兴趣不在此的电影、进西餐店这样的方案，尽管不一定能最大限度地赢得对方的满意度，可是，在大多数场合下，它们其实都算得上是最有效、最靠谱、风险最低的。单纯地从艺术和审美的角度看，这些方案的价值有限，甚至可以说是“不求有功，但求无过”；可从实用主义的角度看，这些方案的价值和力量却是无穷的，它们几乎总是有用处的。同时，其成本也是最低的，不需要动太多脑筋。

很多年前，不知在哪里看到一句话，大意是，如果男人认为只要给一个surprising gift就能把你搞定，那他显然是在骨子里轻看你了。如果你恰恰就是这样的人，那说明你很廉价。从物质消费观的角度看，这种“廉价”的人，欲望少，容易满足，更容易获得幸福感，这当然是好事；但从另一个角度看，浪漫是一种精神追求，而精神追求的标准过低，却未必是一件好事。

回想起两年前，一个兄弟谈恋爱的时候询问我：“做什么才能让女人感到romantic？”并且他说：“我要少花钱或不花钱的romantic，花大笔钞票，女人可能觉得钞票romantic，而不是你这个人romantic!”

显然，这位兄弟之所以需要“不花钱的浪漫”，绝对不是因为舍不得花钱，也不是因为花不起钱，而是因为“花钱的浪漫”通常都无法满足他“个人价值的实现”这一需要。

当然，在实践中，更多的是，男人明明不喜欢“花钱的浪漫”，却还是会去“花钱买浪漫”。何以至此呢？因为花钱买来的浪漫，尽管意义有限，但是，花钱买浪漫这个行为，证明你“态度端正”，足以让你达到某条“安全底线”，让你在“老公入门考试”中取得“合格”。说穿了，花钱买浪漫，是一种“政治上的正确”。

什么是政治上的正确？“我的眼里之所以常含着泪水，是因为我爱这片土地爱得深沉。”米兰·昆德拉在《不能承受的生命之轻》中说，政治家的眼泪，通常与温情关系不大，而是一种“媚俗”，因为只要流泪，就能赢得民众的谅解、称赞和支持。追求“政治上的正确”，大都是媚俗，从这个意义上说，广大人民群众在商家的忽悠下送玫瑰花，其实也是一种媚俗。

我有个哥们儿是搞电镀的，我曾经跟他密谋，以后，在地摊上花几毛钱买个破戒指，然后拿到他的工厂里面镀一层金，再送给老婆。他同意配合我。我现在提前把这一省钱损招告诉未来老婆，并打算“言必信，行必果”。而且，我相信，再假的金戒指，只要戴到白富美手上，广大观众就一定会认为那是真的。我认为，这可比送玫瑰花和真的“四金”什么的浪漫多了。

PS：

抛开送花这件事情，在大多数情况下，女人喜欢男人给她们送个礼物，这绝对不是物质需求，而是情感需求。男人可能会认为，“这是个形式，没有必要”，但女人，往往确实就是看重这个形式，你不能说人家这需求就是不合理的。

## 女人更喜欢唐骏和宋思明的“智慧”，而不是孔子和苏格拉底的智慧

“我爱看闲书，算一种爱好吗？可我老婆常常抱怨我不能学以致用，说白了，就是所学没能变成银子，在家还占地儿。你给我支一招？”

让我支招，找错人了吧？我怎么可能有那本事！不过，这个朋友所反映的问题，让我想起在过去的几年里收到的一些读者评论或建议，“你整天说这些有什么用？”“有时间在这儿空谈，还不如去实干！”或“你这么牛，怎么不去考公务员？”之类的。

说真心话，每次我看到这种评论，第一感觉都是“天哪，我究竟造了什么孽，竟然会遇到这样的人！”那种窒息感，不是谁都能体会到的。据不完全统计，这种话大多出自女生之口；并且，仔细揣摩一下，你会发现，她们所说的“实干”，准确意思不过是“主要精力应该拿来努力赚钱”“你应该考公务员”而已。切，我又不是你男人，你凭啥拿这些自以为成熟的思想来关心我？

苏子曰：对某些女人来说，改造男人，似乎是一种本能。她们不仅喜欢改造自己的男人，而且还喜欢改造别的男人，希望全天下的男人都听她的话。好像，倘若不能取得这方面的成就，她就枉为女人了似的。

根据我的不准确判断，说这种“混账话”（贾宝玉语）的男生，总体上要比女生少得多。这是否意味着：从总体上看，女人比男人更功利，更实用主义？或许是吧。我想，大艺术家、大文学家、思想家及宗教创始人中，女性占的比重特别低，这大概也是原因之一吧。

一个悲催的现实是，美好的东西往往不实用，而实用的东西往往缺乏美感。在实用和美感相冲突的时候，倘若选择实用，便会损失掉生活中的很多趣味。功利心和实用主义也会让人变得更加急功近利，更浮躁。据我多年的观察，女人似乎是更难长久地保持激情去做一件事情。当然，男人也强不到哪里去。

总体上，女人的三观要比男人的更加“务实”、更加现实，她们甚至极度厌恶男人的“不靠谱”“不着调”。然而，务实，并不见得在所有事情上都是一个好品质。有时候，不靠谱一些，反而更有诗意呢！

当然，“女人更功利”或许也只是我的一个误判；另一个可能的解释是：男人更虚伪一些，他们在心里可能对“有什么用”的质问比女人还要多，但是他觉得这样的问题“太俗”，上不了台面，因此便没有敢直问。

一位女性朋友曾经说：“总体上，与男人相比，女人对幸福的追求更加侧重于物质方面。”我大致上是认同的，最简单明了的证据是，新商品的消费、时尚往往都是由女人来引领的。貌似汽车的消费主要是由男人来引领的；但我敢断定，假如女人能开飞机、坦克、航空母舰，并且也具备购买力的话，这些领域的消费和生产，也会由女人来引领。

对这些现象，很多人会解读为“女人太物质了”，这就过于粗暴简单了。根源或许在于，精神领域的东西，对脑力的要求比较高，而大多数女人的抽象思维比较差，或者，即便是她擅长逻辑、擅长思考，也不愿意做那些“耗费脑细胞”的事情；而物质性的东西，则要简单轻松得多——女人的形象思维及感官更强，更注重视觉享受、触觉体验等。这么一想，我就发现，朋友的话语并不准确，应该是：总体上，抽象思维比较差的人（与性别无关）对幸福的追求更侧重于物质方面。

一个可以补充的佐证是：在对浪漫的追求方面，女人特别看重

“仪式感”。而男人通常会认为“那不过就是个形式嘛”。这也是两性冲突的根源之一。

一个女人有着怎样的三观，取决于她有着怎样的智慧。而智慧往往又会影响到她的择偶观。

N年前，某哲学男曾说了一句很经典的话：“很多女人说自己喜欢智慧的男人，可她们说的‘智慧’，其实是宋思明和唐骏的智慧，而不是孔子和苏格拉底的智慧。”这算得上是阅人无数之后的神总结了吧？

固然，大部分男人也希望成为宋思明和唐骏那样的人，而非孔子和苏格拉底那样的人，但倘若他们说自己喜欢有才华的女子，那他们口中的“才华”，一定是李清照或李师师那种才华，而非某些女商人或女官员的“才华”。

PS：

显然，本文对女人的描述只符合部分女人（可能还是“大部分”），而非所有女人，但在简短的标题中，我无法呈现出这些限定词。可以预料的是，被冤枉的女人（“老娘就不是这样的”）大都“呵呵而过”；而中枪的女人大都会暴跳如雷：“作者真是个傻货！”

## “自从看了一遍她的书架之后，我就不再喜欢她了。”

某日，跟一哥们儿吃饭时，我八了他一卦，“想当年你追×××时”云云。只见这哥们儿很淡定地说：“起初是喜欢她，但是，有一次，我进了她的宿舍，看见书架上面只摆了几本小说，其他什么也没有。自此以后，我就再也不喜欢她了。”

听了他的解释，我忍不住笑出声——似乎，长期以来，我对小说以及只读小说的人一直有这样一种“偏见”。我问这哥们儿：“是不是你认为在所有文学作品中，小说属于‘层次最低的’？”这哥们儿说：“在明清以前是这样的，但现在完全颠倒过来了。”我又说：“大多数的小说都是没有啥思想价值的，仅供消遣之用吧？”

我作为一个很少看小说的人，有何资格对“大部分”小说评头论足？鉴于此，我对小说的看法若不无知、不偏激才怪呢，因此他当然不能同意了。于是，我退而求其次说：“至少，大部分人读小说的目的就是消遣吧？”这回，他同意了。

我可以武断地说，在所有出版物中，发行量最大的恐怕就是各类小说了。这些小说因受众群体过于广泛，质量自然也是良莠不齐。诚然，在其他书籍中，也有一大把一大把的垃圾——如成功学、处世哲学、人际关系学，等等。

这哥们儿没详说他在那个女生书架上看到的小说都有哪些，但他告诉了我一个很简单的结论："一个只会看小说的人，不会有啥水平的。"

垃圾小说固然不值一谈，纵使那些好小说，大部分读者也是仅仅把它当作故事来读的，很少做深度思考。我感觉，在所有的文学作品中，小说的创作难度是最高的，阅读起来却是最轻松的。与诗词、散文、杂文和戏剧等相比，小说把一句话拆成十句，再把十句拆成一百句，读起来当然"省脑子"——大部分人都能够通宵读小说，却很少有人能有耐心连续三个小时看散文、诗歌或杂文。可是，"省脑子"背后必然是缺乏思考的浅阅读——而小说中的思想是比较分散的，读者很难通过浅阅读从总体上把握其思想。好的小说，必然是带有哲学味儿的，一个只会读小说而不读哲学性作品的人，"必然"是仅仅把小说当故事书读的；即使是好的小说，也可能被他给糟蹋了。我猜想，我的这位哥们儿不喜欢"一个只会看小说的女生"，大抵也是出于这样的逻辑吧。

我从大一暑假到大三下学期，沉迷于张平和周梅森等人的官场小说，这类书看过很多。回头再想想，基本上都是同一个套路，没有多少思想价值。我为曾经虚度过的年华而羞耻，要是能够早点儿把那些读官场小说的时间省下来读一读米兰·昆德拉、周国平或历史、哲学、经济学及社会学类的经典作品，我的水平也不至于像现在这么差劲！觉醒后，最近三四年，我已经不怎么读小说了。去年下半年在朋友的推荐下破例读了三本小说：余华的《兄弟》、王小波的《黄金时代》及奥威尔的《1984》，并且还破例地都写了读书笔记。现在，我已经意识到，对我这样一个不会品读小说的三流读者而言，如果不写读书笔记，那基本上是“白读了”。因为，倘若不认真写个读书笔记，我只会感觉“很过瘾”，却说不出个所以然来。只有在写读书笔记的时候，我才能真正开始与作者对话。

现在，我读书虽然算不上浮躁，却也十分“功利”——偏重于读那些思想集中度比较高、能带来思维乐趣的作品，如杂文、哲理散文、哲学、伦理学、历史评论等；至于小说和历史故事，我也认为它们确实有趣，但又舍不得花太多时间——太奢侈啦，等有时间的时候再读吧。可是，我什么时候才能有时间呢？

再强调一下，我和这位哥们儿并没有认为读小说就不好，而是说“只读小说”不好。当然，这哥们儿在那女生的书架上只看到小说，并不等于人家就只看小说，可能是她看的其他书都是图书馆的，小说是自己买的。不过，我一般最舍不得花钱买的书就是小说了，因为通常只看一遍。

与这位哥们儿武断地过滤掉“只看小说的女生”相对应的是，当我知道一个“貌似只会看时尚八卦及美食杂志的”女生“竟然”读米兰·昆德拉、哈维尔、奥威尔、弗里德曼、科斯、萨特、尼采、凯恩斯等人的作品，并且还能谈得头头是道时，立马会产生与她的关系能更上一层楼这样的强烈愿望。

## "姿色一票否决制"=不道德，爱上矮穷丑=道德高尚?

上午，一个女性朋友向我转述了一句很犀利、很精彩的话："女人会因为一个男人很有学问、很有才华而爱上他，不管他多穷多丑；但很少有男人会爱上一个很有才华而相貌却很丑的女人。"这话很有意思，颇值得玩味。暂且抛开其事实判断部分正确与否不论，其价值判断是非常明显的，即爱情婚姻市场上，"男人的道德水平不如女人"。我差点儿就"被洗脑"了。

我之所以说作者这句话抬高女人而贬低男人，是因为它背后有着这样的逻辑：喜欢有才华的"矮穷丑"，是一种道德很高尚的行为；若只喜欢漂亮的，则道德不及前者高尚。这个逻辑，极具有误导性——我们凭什么认为喜欢矮穷丑是道德的，而"非美女不爱"（姿色，是必要非充分条件）是不道德的?

退一步讲，我们暂先假定"喜欢矮穷丑很高尚"这个逻辑是正确的，那么，此“格言”的前半句“喜欢一个很有才华的矮穷丑”是否也很高尚呢？我看未必——才华，可以分为能赚钱的才华及不能赚钱的才华，如果女人所喜欢的是男人身上“不能赚钱的才华”，它也许真是高尚的；可倘若女人喜欢这个矮穷丑，仅仅是因为看重他“能赚钱的才华”呢？这就是把他当“潜力股”看待，是一种投机或赌博了。

我们往往在潜意识中认为，选择“潜力股”的女人要比选择富二代的女人更具备道德优势；不过，这只是我们的一个错觉罢了，事实上，喜欢“潜力股”还是喜欢现成的“富二代”，这仅仅只是喜欢财富未来价值与财富现值的区别，而与女人的道德水平毫不相干。当然，一般来说，会欣赏“潜力股”的女人要比只喜欢现成富二代的女人更聪明一些。

说得再狠一些，倘若一个女人选择矮穷丑的原因主要是看重他的“潜力”，是在他身上“押了一宝”，那她的这一做法非但与高尚无关，反而很接近“男人嘛，只要有钱就行了，长相无所谓”这样一种非常势利的心态。依我看，参与这种投机，其道德水平还不如直接选择现成的高富帅呢。我甚至认为，就连喜欢小白脸，都要比这纯洁得多。（“连……都……”句式似乎暗含偏见，我不想用这个句式，但苦于实在找不到更准确的表达方式了，权且如此吧）想想看，她为了得到他的潜力，竟然能够委曲求全去忍受他相貌的丑陋（如果她的审美观确实独特，那另当别论），这难道是一件可以带来道德优越感的事情吗？

综上所述，女人因欣赏一个男人的才华而不去计较他的财力和相貌，这只能算是一种偏好，而与她的道德高尚与否毫无关系；倘若她喜欢的这个“矮穷丑”并不是一个有才华的人或富有道德人格魅力的男人，而只是一个“普通矮穷丑”，那不仅不能表明她道德有多高尚，反而只能反映出她“品位很低下”了。

倘若有女人喜欢上一个矮丑穷之后又站在道德的制高点上宣布自己做了一件很了不起的事情，那就完全变味儿了，就好像一个男人勉强自己接受了一个相貌很丑的女人，然后又摆出一副自己做了件慈善事业的姿态，这才是真正的不道德！

## 女人之于男人，犹如雇员之于雇主

一个朋友推荐给我一篇文章，是分析雇主与雇员之间关系的，文章中“老板平生最看不起的是下了班就骂老板，隔天又继续去上班的人”这句话引起了我的兴趣。

1. 其实我认为：员工也看不起那些下了班就背后抱怨员工是“扶不起的阿斗，缺乏职业道德和信托责任”，而在第二天又不立即解雇这个“不合格员工”的老板。如果雇主对员工的“不离不弃”不是因为对员工的重视和关怀，而是因为无奈，雇主不可能赢得雇员的丝毫感激。

类似地，可能部分男人也看不起那些整天埋怨自己的老公不如好姐妹们的老公有本事，却又不愿意和这个“没有能力的老公”离婚的女人——因为她跟自己“没有能力的老公”离婚后仍很难找到“有能力的老公”。如果一个男人认为自己的妻子不够漂亮、不够有情调，想出轨，但他没有足够的能力和信心去征服别的“有情调”的漂亮女人，这样他的妻子或许不会怨恨他，但内心可能也认为他是个“没出息的窝囊鬼”。如果男人对女人的“不离不弃”是由于无能和无奈，而不是出于不同寻常的爱，那他不可能赢得女人的丝毫感激；相反，女人看不起他。

2. 几乎所有的老板都希望能雇用到“业绩上升时不提加薪，公司经营不善时能陪自己沉船”的员工；几乎所有的员工都希望能遇到即使在公司经营不善时也愿意大幅度加薪，在自己能力无法胜任时不会被解雇的老板。

类似地，大多数男人都希望在自己遭遇不测、陷入困境、一无所有的时候，自己的女人能对他不离不弃；大多数女人都希望在自己年老色衰、失去魅力时，男人仍然能像谈恋爱的时候那样对待自己。

所有对男人抱有不切实际的幻想的女人，所有抱怨自己“没本事的老公”配不上自己但又不提离婚的女人，请参照“雇主是怎样让雇员失望的”“雇主怎样看不起背后骂老板但又不肯辞职”等案例来反省。所有对女人抱有不切实际幻想的男人，所有抱怨自己的妻子不够漂亮、不够有情调的男人，请参照“员工在公司危难之际是怎样让雇主伤心的”“员工怎样看不起背后埋怨员工能力不足但又不肯将其解雇的老板”这类案例来反省。

## 男人选结婚对象时为啥考虑的没女人那么多?

“有的群体，之所以长期处于弱势地位，是因为他们更容易服从并认同由别人制定出来的不合理的游戏规则。并且，当这套不合理的游戏规则遭遇挑战的时候，他们会急匆匆地跳出来捍卫它。这就是所谓的斯德哥尔摩情节。”我在朋友圈发了这样一段话，然后，VIP读者黄承浩在评论中问：“你说的是左派？”

卧槽，吓了老子一跳。但我回复他：“不，我说的是女人！不过，我去年写过几条‘女人更容易成为左派’。”“更容易”的言外之意：不绝对，但总体上如此。因他的呼吁，我将之前零星的句子整理如下：

### 女左男右（一）

有人问我：“男人选结婚对象的时候为什么考虑的没女的那么多？”苏子曰：“因为，一般来说，男人觉得自己不需要依赖女人太多，只要自己不被选错的女人拖累了就行了。男人认为命运掌控在自己手上，而女人认为，命运掌握在对方手上，所以才会对对方的条件考虑更多。”

左派就对政府要求挺多的，在政府身上寄托了很多希望，左派希望政府是一个无所不包的男朋友；右派就对政府没有多少要求，实际上，右派希望政府做得越少越好。

## 女左男右（二）

左派路线的追随者，就像《非诚勿扰》（现改名为《缘来非诚勿扰》）上的那些小女人——缺乏真正的自我意识，无法认识到自己作为一个独立个体的价值（或者，是认为自己没有价值），认为安全感、归属感乃至幸福的生活要靠别人来“给”，而不是靠自己去争取和创造。

处于社会底层的左派粉丝们将希望寄托在英明领袖身上，就相当于傻女人将希望寄托在坏男人身上一样不靠谱。

## 女左男右（三）

“女人更接近左派”，我是从“救星情结”的角度说的，换个角度，似乎仍然如此。

例如，左派对右派进行攻击的时候，特别喜欢抢占道德制高点，把自己标榜成正义的化身，而右派则一律是坏蛋；右派则很少以道德为武器对左派进行攻击，相反，右派更喜欢占领智商上的制高点。极其类似的是，通常，女人在攻击男人的时候，也喜欢占领道德制高点，如典型的“男人没一个是好东西”“男人都一样”“渣男”；而男人，则很少用女人进行道德攻击，恕我孤陋寡闻，我就没见过男人骂女人坏，更没见过“渣女”这样的词，顶多骂一句“庸俗”，而庸俗，却是智慧层面的东西，跟道德没有任何关系。

当然啦，男人在火大的时候，也会骂女人“无脑”“愚蠢”，就像右派鄙视左派那样。当然，“愚蠢”的根源，并不是智商不够用，而是太感性。

## 女左男右（四）

右派和左派斗争，习惯用讲理的方式、辩论的方式；而左派对付右派，历来是用泼妇骂街的方式，或者，是用打压的方式，禁言，不让你说话。为什么呢？因为讲理的话，他们讲不过别人。

男人和女人有了争议，通常，男人喜欢用说理的方式、辩论的方式；当然，一旦他们真这样了，女人肯定就伤透心，不愿意说话了，然后，是通过发动冷战来让男人闭嘴——其效果跟左派对右派禁言是一样的。

女人不跟你讲理，她只要你爱她。只有你爱她，她才会对你好；你如果跟她讲理，你就死定了。

## 女左男右（五）

左派都喜欢“集体行动”，他们往往只有在集体中才能“找到自我”；而右派则不然，右派的自我意识比较发达，在公共辩论中，他们并不忌惮于独立作战——即便是一批右派同时行动了，往往也只是客观结果上的雷同，而非主观上的合谋。

类似地，与男人相比，女人的独处能力更差，更喜欢群体行动。女人就连跳个广场舞、购个物，甚至连上个厕所都喜欢集体行动。男人当然也会有集体行动，但男人跟狐朋狗友一起行动的次数，绝对没有女人跟闺密或非闺密一起行动的次数多。

## 女左男右（六）

男人更容易对那些有着众多的追求者的女人感兴趣，即便明知自己追不到，他们往往也会癞蛤蟆想吃天鹅肉，放手一搏；而女人，如果一个男人尽管很优秀，但身边女人很多的话，她基本上就会死心了。

女人，如果自己的男人出轨了，她们最恨的并不是这个对她有着忠诚义务的男人，而是那个对她并没有任何义务的“小三”；而男人，如果自己的女人出轨了，他们并不认为第三者是罪魁祸首。

女人跟左派一样，对竞争充满恐惧和敌意。

# 第四章

# 我是男神，愿为你下凡

LOVE

越是配不上，越要把自己“许配”给她。不想吃天鹅肉的癞蛤蟆不是好蛤蟆，宁可让自己有“高攀不起”的压力感，也不愿意在自己意兴阑珊的情况下去找个人“凑个数”。

## 越是觉得配不上，越是要把自己“许配”给她

一个小伙伴跟我聊《平凡的世界》，他问：“少安和润叶的爱情悲剧，根源在哪里？”

我说：“根源不完全在于‘阶级差距’和田福堂的反对，而在于孙少安的不自信使得他在面对阻力的时候，没有足够的底气坚持下去。”

其实，不仅是少安面对润叶时有一种“阶层自卑感”，而且，早期的少平在面对晓霞时也有那种自卑感。在他们中学毕业后，晓霞给少平写过一份情书，但最后并没有发出去。晓霞对她的父亲田福军说，她估计少平不会接受她，不是因为其他原因，而是因为他“狭隘的自尊”——“在孙少平的内心里，觉得他只配得上郝红梅那种家境和他一样的，或者，侯玉英那种家境虽好但残疾的。”

那个时侯的少平未必是晓霞的知己，但晓霞是少平的知己。在一次争吵之后，晓霞曾经非常犀利地对少平说：“你一直不能把我当成

最要好的同学，不是因为你觉得我在怜悯你，而是因为你在生活中总是被人歧视，你受惯了这种歧视，你接受一个在你看来很有身份的同学的友谊，你心慌了，你受不了。就好像一个很需要温暖的人，突然来到一个火星子乱蹦的炉子旁边，又生怕被烫着。”

在任何一个聪明的人眼里，少安和少平从来就不是屌丝。起先，他们的自我评价也并不低，但是，因为他们身边有太多愚蠢的人，这些人都认为他们是屌丝。结果，时间久了，少平和少安都受到这种负能量的影响，他们降低了对自己的评价。因此，在面对心目中的女神的时候，他们会很自卑，觉得“我配不上她”。

但如果换作是我，一个人越是让我觉得“配不上她”，我便越是会把自己“许配”给她。

少安觉得自己的条件不如李向前，觉得“我不能给她幸福”，但他唯一忽略的是，润叶只爱他而不爱向前。他对是否配得上是怎样理解的啊？依我之见，不管你的客观条件多差，不管你多屌丝，只要是对方主动追求你的，你就完全有底气认为自己配得上她。

我妈问我：“孙少平和田晓霞走在一起，怎么不怕自己的衣服破啊？”我说：“这有什么可奇怪的，换作我，我也不怕。”

这倒真不是吹牛，我的着装一直为人诟病，但与我关系最亲密的人，没有任何一个人会因为我穿得太矬而鄙视我。他们会提装扮意见，但那是希望我变得更好，而不是以此来否定我。约瑟夫甚至在看过电影《乔布斯》后打电话给我说："我发现，乔布斯居然跟你一样，一直穿同一件衣服。"注意，他说的是"乔布斯跟你一样"，而不是"你跟乔布斯一样"。

孙少平跟田晓霞在一起，不怕衣服破。而我，在初见×××的时候，还穿着地摊货——这里的"地摊货"，不是夸张，而是真的从地摊上买的。那年9月份，我有一半时间都在医院，晚上又得拼命赶稿子，中旬要外出一下，但连换洗的衣服都没有，晚上回去后，就在小区门口的地摊上花八十元随便买了一件夹克。我还亲口告诉过她，我穿的衣服就是地摊货，也没见她怎么轻看我。By the way，这个她，就是最近比较火的文章《越是有价值的媳妇，娶起来越便宜，持有成本越低》一文里面的人物原型。

在她对我明送秋波之后，我很不要脸地说："我这个人，品位就是个地摊货水平。你帮我选一套衣服，让我在回去相亲的时候穿吧。"就这样骗了一套衣服。当然，后来我还用"情怀"骗了更多。

虽然，这段关系在后来相处得并不是百分之百的顺利，但仍有些十分有意思的体会，"发人深省"。

当我们还只是在“互相暗恋”的时候，有一天晚上，她突然问我：“你丫是不是喜欢我？”我被这突然袭击搞了个措手不及，遂答道：“你这样问，让人家怎么好意思回答呢？”结果，她说：“你犹豫什么？我挺喜欢你的呀！”我比较自卑地回复了一句：“我配不上你啊。”谁知，她回了一句：“怎么连你也这样说！那我岂不是要注定孤身了？”我的理解能力还不差，“连你”一词的潜台词就是说：“别人可以认为他们配不上我，但你不应该这样认为。”这明显是抬高我嘛。然后，我十分机智地话锋一转：“我刚才的话还没说完呢。其实，一个人越是让我觉得配不上她，我便越会想把自己‘许配’给她。”

废话了这么多，终于扯到本文的主题了。其实，我是标题党，我并不是要谈怎么泡妞，我要谈的重点是，如何看待自卑感。

自卑，不但在爱情中存在，在友情中、工作关系中，也同样存在。

很多朋友和读者跟我讲，说自己平时跟别人相处时很自卑。我每次都说：“十个人里面，有十个都是自卑的。你并不是一个人在战斗。”我过去、现在都处于自卑状态，并且将来还将继续自卑下去，所以我能够理解别人的自卑。

不过，绝大多数时候，自卑，其实只是“自己吓唬自己”而已——自卑的心理基础是担心别人瞧不起自己，可是，如果你真与那些“别人”、那些很强大的人、那些你崇拜的人去接触，与他们交流，你会发现他们并没有瞧不起你；相反，他可能很欣赏你，很羡慕你，很尊敬你。再说，大家都很忙，自个儿的自卑都无暇应付，哪来的精力来俯视你呢？不要担心你在别人心目中的形象不好，实际上，别人心目中根本就没有你。别那么累，你没有那么多观众。

苏子曰：有一种自卑，是别人尚未鄙视你，你自己已经率先鄙视自己了；还有一种自卑是，分明别人根本就没有瞧你，你却老是担心人家瞧不起你，这其实是一种自作多情。

我虽然一直都自卑，但我的变态之处在于，越是那些让我自惭形秽的人，我接近TA的愿望便越强烈。因此，从大学至今，一方面，我一看见那些出类拔萃的人就自卑；另一方面，行为上却总是“勇敢”地硬着头皮去接近。就这样，我的素质也越来越靠近他们了，自卑感便越来越弱了。到了现在，自卑似乎已经成了我吹牛的素材。

不断地冒着被鄙视的危险接近各种“大牛”，我有了一个最重要的收获：遇见牛逼的人，如果只是远距离仰望，我们很容易产生难以克服的自卑感；但是，倘若是近距离接触、对话，尤其是，建立起了一种亲密关系的话，此时，即便是他在我们心目中的牛逼程度并无丝毫衰减，甚至，我们还新发现了他更多的牛逼之处，但我们的自卑感没有之前那么强了；相反，我们的自信心空前提升了！与牛逼的人近距离对话、建立亲密关系，会让我们觉得自己的逼格提升了好几个档次；并且，这个人越牛逼，我们自信心的涨幅便越大。当然，这种自信是外因已转化成一种内在的力量，而非狐假虎威，说“我认识谁谁谁”。

之所以跟牛逼的人相处容易增长信心，原因是，总体上，无论是顶尖级出色的男人还是顶尖级出色的女人，他们都有一个共同点，就是特别会鼓励人，或者说他们善于发现你身上的优点——你明明只有六分优点，他们硬是能吹成九分。吹捧的次数多了，你的自信心就增强了，并且还会努力使自己的实力配得上他的赞誉。（牛人们当然也有傲气，但这与他们的会鼓励人完全不矛盾——一个大学教授会对别的跟他的社会地位差不多的教授“不屑一顾”，但不会对一个天真的学生不屑一顾；相反，他会十分谦和地鼓励这个学生。）

你如果是跟比较自卑的人相处，他们会常常给你泼冷水，进而也让你怀疑自己是不是真的不行。（卧槽，连这货也鄙视起我来了？）

因为，自卑的人需要通过给别人泼冷水来“找到尊严”。当然，也可能是知识水平有限，不识货，没能力发现你的价值而已。

多年来，在接触过各色人等，或者在被各色人等接触过之后，我有个无比“惊世骇俗”的发现：在那些我懒得搭理的人眼里，我是一个差劲的人，一个值得同情的人；而在我欣赏的人眼里，在我尊敬的人眼里，在我的偶像级人物眼里，我却是一个出类拔萃的人。（突然，我从自己身上找到了孙少平的影子。）因此，如果能够克服自卑感，鼓起勇气跟牛人相处，你会发现，跟牛人相处，要比跟自卑的人相处轻松得多。

通过不断地接近那些令我自惭形秽的人，从量变到质变，最后的结果是：我原先的偶像，原先没有注意过我的人，也开始对我刮目相看了。

我本来只是想吃天鹅肉，却一不小心把自己变成了天鹅。

我对女人作战的原则是：不想吃天鹅肉的癞蛤蟆不是好蛤蟆。我宁可让自己有“高攀不起”的压力感，也不愿意在自己意兴阑珊的情况下去找个人“凑个数”。原因很简单，在后一种情况下，我容易欲望乏弱。这个欲望乏弱，一个极大的好处就是，让人有了一种“品位的底线”。

“越是配不上，越要把自己‘许配’给她”，背后的逻辑是，如果有一种“高攀”意识，那么实力会向着高品位去靠拢；但如果一开始就因为自卑感而违背自己的内心，那么结果是，品位和实力都会下滑。

# “你愿意天天给我刷锅洗碗吗？” “我愿意！”

## 一、厨房里的诗情画意

“我忘记问了，你刚吃过饭就急匆匆地跟我说话，锅洗了没？”有一天晚饭后不久，在微信上跟“粉条儿”聊天时，我突然问了这么一句。

“没呢。这本来是你的事！你不在，害得我天天得亲自洗碗！”她以前给我说，自己不会做家务，怕我“嫌弃”她，然而，我却很激动地回复道：“你这是变相地提供给我一个向你献媚的机会啊。”我乐呵呵地承担起了洗碗、清理厨房、擦地板等家务。

我还不知羞耻地对她说：“以前，在找工作的时候，我最怕别人让我在简历上填写‘业余爱好’，因为，我好像没什么业余爱好。以后，我就可以大言不惭地在这一栏上写上‘洗碗’俩字了。”

看到我这么“贱”，她“得寸进尺”地说：“我都想好以后要在厨房里给你留什么活儿了。”

可能，在她自己，这只是一句不假思索的普普通通的话，但我却从中感受到了浓浓的诗情画意。“这句话，听上去，要比‘你愿意嫁给×××为妻吗’‘我愿意’有味道多了！”

她则变本加厉更上一层楼：“‘你愿意天天给我刷锅洗碗吗？’‘我愿意。’”

我大喜过望：“精彩！你记下。以后婚礼上，咱们就用这个！自己给自己当司仪，也顺便好好鄙视一下那些没什么水平、照本宣科的司仪。”

“经我们一破坏，好多司仪都要下岗了。还好只结一次婚……不然真是抢饭碗。”

## 二、我只喜欢“狐狸精”

“有一阵子，我妈老要给我介绍个女孩，夸她什么什么做得有多好，有多贤淑，我就纠正我妈：‘问题在于，我只会喜欢“狐狸精”啊，不在乎她家务什么做得好不好。’试想一下，一个女人有一手好厨艺，能把我的生活照顾得很好，但也就仅此而已，而另一个女人，自己不做饭，但非常‘狐狸精’，能把我哄得屁颠屁颠地为了她去练就一手好厨艺、命令我洗菜、监督我洗碗，如果她认为我没洗干净还责令我洗第二遍，揪着我的耳朵让我把油烟机擦得发亮……显然是仅有第二种女人才有可能给我带来真正的快乐和幸福啊。”

三年前，我在微博上发了上面这一段话，男性读者纷纷点赞转发。看来，我的一个小小的意淫，勾勒出了大伙儿心目中的“美好生活蓝图”。在写这段话的一周之前，我刚在“粉条儿”的监督之下洗过一次碗，并且，她还“逼”着我洗了两遍。后来，我常常对她说：“你第一次给了我一种‘家的感觉’。”就是指这事儿。

可能，在很多过来人看来，把刷锅洗碗这事儿说得这么幸福，只是“诗人的浪漫想象”，但三年过去了，我们做起家务来仍然有滋有味，乐在其中。每次相会，一起做家务，都成了一个重要的主题。

我曾经一直被认为是个“生活自理能力很差”的人，但一想到还有个生活自理能力比我更差的人需要照顾，我的自理能力便自觉地强了起来。“不是为了哄你开心，而是为了让自己变成更好的人。”

有一次，我对“粉条儿”说：“你不在的日子里，我每次拖地板洗拖把的时候，都很幸福，仿佛你在场，我们一起做的一样。”谁知，这“狐狸精”居然说：“因为你的缘故，我不再觉得做家务是一件很枯燥的事情。一想起你拖地洗拖把的样子，我都很‘性奋’——就像你每次听到我的‘哼’一样‘性奋’。”

我以前曾说过一句“男人调情的才华，是女人最好的春药”，现在看来，莫非，男人下厨房、搞卫生的姿势，也是女人最好的春药？

我们腻在一起的时候，会聊很多“自由而无用”的东西，也会一起去追求“诗和远方”，但事后再回想起来，最美好、印象最深刻的部分，几乎全部都是做家务。“因为，纵使与各种特别亲昵的举动相比，也只有做家务才更容易让人有家的感觉。”

我曾在《做学霸是一种怎样的感觉》一文里引用了屠格涅夫的一句话：“假如有个女人愿意天天喊我回家吃饭，我宁愿放弃我所有的才华和作品。”现在，我则想说一句：“假如‘粉条儿’愿意每天都喊我回家洗碗刷锅，我宁愿放弃我所有的才华和作品。”

她骂我是个“贱人”。但我却变本加厉地说：“涛之初，性本贱；苟不贱，娇之过。”并且还唱了几句：“千年贱一回，贱一回啊。是谁在耳边，说虐我永不变。只为这一句，啊，肠断也无怨。”

“你真是个受虐狂！”“那你能答应我，虐我一生一世吗？”

## 三、谈论柴米油盐，才是关系的升华

有一次，我突然发了个菠菜面（和面的时候不用水，而是用菠菜汁，做出来的面条也是绿色的）的照片给她，推荐她以后也可以做成这样的。她无比惊讶："你咋突然变得这么接地气？"

因为，在很多人看来，我像我这样的"学霸""才子"，应该是只喜欢跟人谈学问、谈人生、谈情怀的，吃喝拉撒类的东西，我应该是不屑跟别人谈的。的确，猜得没错。我一直认为，对美食热爱是一件很美好的事情，但我对美食的"力挺"也仅限于吃和做方面，而谈论吃的东西，在我眼里，是一件顶无趣无聊的事情。在社交场合，如果大家的话题都在谈吃的，我就有一种想要逃亡的冲动。有段时间，有个单恋我的女生，隔三差五就发几张自己做的菜的照片给我，我真是厌烦极了，甚至想提醒她"以后不要再给我发这种了"。

然而，"粉条儿"也经常向我汇报她的"吃吃喝喝"，并发照片给我，但我特别喜欢。

甚至，连我自己也变得"俗不可耐"，也发过这种照片给她。

正月初三，家里就我一人，我也尝试着做了一回菠菜面。每做完一个环节，都拍照保存，然后，再洗手，再接着做。中间，一共停工洗手七八次，浪费水不少。我这么拼，就是为了让她看到这个让她十分好奇的"彩面"出锅的全过程。

在离开成都来上海之前的那一阵子，我经常问我妈，这个菜怎么做，那个菜怎么做。“粉条儿”知道后问我：“你妈会不会好奇，涛涛怎么变得这么世俗了？”也许会吧。但这有什么关系呢？生活除了诗和远方，还有眼前的柴米油盐，我相信，我既有能力从“高大上”的诗和远方中获得乐趣，也有能力从世俗的柴米油盐中获得非凡的满足感。

我还得意扬扬地告诉“粉条儿”：“我发现一个规律——对普通人及泛泛之交来说，从世俗的交流上升到精神上的交流，是关系变亲密的标志；但对咱们这种不食人间烟火、互相深爱着对方的人来说，能放下那些‘灵魂对话’，去谈论柴米油盐，才是关系的升华。你发你做的菜的照片给我，比你唱越剧给我听更让我开心；我给你洗碗和打扫厨房，比我写文章写情书更有魅力更性感！”

她立刻就被我这段话给洗脑了。还有旁观者说，这是“秀恩爱的最高境界”。

“粉条儿”欣慰地对我说：“你虽然是学霸，但你具备聊柴米油盐的能力，你不偏科。”但我想说的是：直到遇见了你，我才具备了聊柴米油盐的能力；更确切地说，直到遇见了你，我才有了聊柴米油盐的心思。

以前，很多次，在别人问到我的择偶标准的时候，我列举的标准里面都有一条“有一点不食人间烟火”，那么，我在这里提到的“喜欢谈论柴米油盐”，跟“不食人间烟火”矛盾吗？非但不矛盾，反而是相辅相成。只有面对一个“不食人间烟火”的女子，只有当她能够跟我谈论一些“自由而无用的东西”时，我才愿意跟她谈论柴米油盐。

周国平曾经在一篇文章里说：“最好的情书，并不是写在纸上的，而是写在柴米油盐里的。”以前对这句话没什么特别感觉，但现在，“粉条儿”让我越来越有把握，我们在一起可以把柴米油盐的日子过得充满诗情画意。

有的人，她能让你在不经意间就把柴米油盐演绎成诗词歌赋。在才子才女的世界里，诗词歌赋并不显得有多弥足珍贵，真正有分量的奢侈品，恰恰是能找个人跟你一起聊人间烟火，能把柴米油盐演绎成诗词歌赋。哪怕聊的内容仍旧是人间烟火，感觉上却像是诗词歌赋。

这就是我理想的生活。

## 四、开始谈钱，说明关系不一般了

虽然我们都喜欢柴米油盐的生活，但“粉条儿”其实跟我一样

“不知柴米贵”。

以前，跟同事合租的时候，经常是我去买菜，回来后他们问我，菜价怎样。我都给的标准答案：“我只知道这些菜一共花了多少钱，但要问我白菜一斤多少钱、土豆一斤多少钱，这样的问题，我答不上来。”我连房价都不怎么关注，买个房子，在房展上只问三家，现场只看了一套就定下来了，我这么没心没肺的人，怎么会有心思去关注一斤白菜多少钱呢？

在这方面，“粉条儿”跟我一样。她虽然经常买柴米油盐，却不知道价格。她说，这些无聊的事情，不值得浪费心思。太赞了。我则补充道：“不关注价格，是因为这些东西是刚需，你关心它也没什么用。这就像，我既然已经确定要娶你了，就不必再关心彩礼是多少了，因为，无论彩礼多少，我都是照娶不误啊。”

很早之前，我曾经说过，在一个家庭里，夫妻之间经常围绕着钱的问题产生矛盾，那就是最无趣、最低级的矛盾。而这种“围绕着钱的矛盾”，一部分与对物价的关注有关，还有一部分，则与双方的消费观念有关。

我们深入地交流了一下各自的消费观念，结果，惊人地一致。事后，我总结道：“对一个家庭的和谐而言，夫妻双方在消费观念上的一致，要比消费能力如何更重要。也就是说，怎样花钱，在哪些事情上可以任性地花钱、在哪些事情上应该量力而行、哪些事情不值得花钱，这些东西，要比怎样挣钱、能挣多少钱更重要。”

话说，才子才女一般都羞于谈钱，在他们的潜意识里，总认为谈钱是个“有损于逼格”的事情。因此，一个才女一旦开始跟一个才子谈钱了，那就说明，他们的关系已经不一般了。（我本无意于夸自己是“才子”，但为了能够跟才女实现“精神上的门当户对”，我便只好自抬身价了。）

我早晨赖床不想起来，她发短信给我：“赶快起来，给粉条儿挣钱啦！”然后，我就乖乖地起来了。

“粉条儿”曾鼓励我说：“以后，你要努力赚钱，这样，我就更爱你了。”我好像抓住了一个把柄一样兴奋：“我早就知道，你根本就不爱我的人，你只爱我的钱！”

她的另一句话，也特别有意思：“以前，你希望被白富美包养，还好，你现在很有钱了，这让我省了很多心。”看到这句话的时候，我一笑，差点把鼻涕都笑出来了。

有一次，我对“粉条儿”说：“你曾经颠覆过我的金钱观。”看到她将信将疑的样子，我道出了事情的原委：

她曾经在一本书的扉页写了一句话："做个有钱的读书人。"本来，她写这句话是用来勉励自己的，但不小心被我给看见了，然后，我迅速被洗脑。从那以后，我再也不觉得文人谈钱有何不光彩了。

## 五、我不畏惧跟你一起过世俗的生活

有一次，聊到一些很琐碎的生活细节。"粉条儿"突然有点忐忑地说了句："我突然发现自己好世俗。"然后，我很果断地对她说："我不畏惧跟你一起过世俗的生活。"

清代文人沈复在《浮生六记》里面写了他和爱妻陈芸之间的一些生活趣事，但里面的趣事，并无一件大事，而全部是一些生活琐事。林语堂看过此书后曾评价陈芸是"中国历史上最可爱的女子"，我却不以为然——这本书是"粉条儿"送我的，我看过之后对她说：如果由我来写你，肯定会比沈复笔下的陈芸更可爱。我们有能力把生活琐事过得充满乐趣。

有一次，"粉条儿"忽然郑重其事地问我："我经常用'哈哈哈哈'来回复你，你会不会觉得很老套？""没有啊，你这样回复，我很得意，感觉自己就是一个很有魅力的坏男人。还有，每次你'哈哈’的时候，我都自行翻译成了‘涛涛，你就是最好的伴侣’。”

关于“最好的伴侣”，有个典故：我们还没有在一起的时候，我说的话，就常常让她忍不住发笑。所以，有一次，我在朋友圈发了条“最好的伴侣，就是能勾引出你最多笑声的人”。她明知我写这话是为了给她洗脑，却还是忍不住点了个赞，结果却引“郎”入室。

几乎每一件事情，我们都会以富有诗意的方式来交流，这样，生活中还有什么可畏惧的呢?

作为一个明明有资本靠脸吃饭，却一不小心走上了靠才华吃饭之路的“网红”，这么多年下来，我也积累了女粉丝无数，愿意跟我谈人生、视我为“知音”的人，确实不少。但是，这一切，跟我有什么关系呢?

知音，并不是稀缺资源。网上最不缺的就是知音。

在“你愿意给我刷锅洗碗吗”这样的高端问题面前，所有的“知音”都黯然失色了。

知音，是精神世界里的事情，然而，我只想跟你一起过好俗世的生活。

小时候看老版的《还珠格格》，在第二部里，尔康向紫薇介绍他跟晴儿的关系：“当年，我跟晴儿一起谈人生哲学，一起数星星看月亮。”当时，最让我向往不已的，并不是知音之间的“谈人生”，而是“数星星看月亮”。听到尔康的解释后，最让紫薇吃醋的，也正是“数星星看月亮”，而不是“谈人生”。

三月底的一个晚上，月明星稀，我牵着“粉条儿”的手穿梭在浦东张江的一个小区里，抬头望着天空，我们两个不约而同地想起了上面的场景。是的，我们最渴望在一起做的事情，并不是谈人生谈哲学，而是“数星星看月亮”。

我本是一个高高在上的神，但我愿意为了你而下凡。

我宁愿做你的男人，也不愿意做别人的“男神”。

我十分担心的是，迟早有一天，我终将变成自己曾经最鄙视的人——我变成“催婚一族”了。我会告诉人们，婚姻，是一件无比幸福的事情，怂恿他们早点结婚。

## “面对这样的才女，我还真怕驾驭不了。”
## “何必一定要驾驭呢？”

一个朋友告诉我，他最近看上一个女孩，而对方又是个才女，他的爱带着仰视，感觉无从下手，因此很无奈地感叹道：“倘若真面对这样的才女，我还真怕驾驭不了——有些强势。”

他将才女与“强势”画上等号，这个值得商榷。

当然了，这位兄弟的困惑实属人之常情，因此，我能够理解他的感受。一般来说，男人的自尊心都是如此脆弱，受不了“太强势”的女人。当然，也可以说男人自尊心太强，因为“自尊心强”与“自尊心脆弱”乃是同一个意思，当我们说一个人自尊心很强的时候，意思其实就是他的自尊心很脆弱。

但是，我理解这位兄弟的“苦衷”，并不意味着我就赞成他。“可是，我怎么就没有试图去驾驭呢？”话说我自己也爱才女，但我只担心过她们瞧不起我才疏学浅，却从未担心过“驾驭不住”的问题——倒不是说我有多么牛气冲天，不怕什么的，而是觉得实在没有必要考虑这个问题。

该兄弟又说：“倘若总是被牵着鼻子走，在家里岂不是没有地位？”这话当然是真理。可问题是，同一个家庭的男人与女人之间的关系难道就是牵鼻子与被牵鼻子的关系吗？是阶级斗争，不是你统治我就是我统治你？男女的博弈（先假定这博弈真的存在）就不能实现一种均衡吗？

倒不是说平等关系无法实现，而是有人不愿意看到平等局面。大多数男人（抱歉，我这里用“大多数”一词，没有任何统计学上的证据，纯属臆断），不管他对自己的女人爱得多深，在潜意识中都免不了把她当作战利品；倘若能够成功实现对美女或才女的驾驭，那可是相当有成就感，内外双赢——对内是感情上的收获，对外是有了炫耀的资本。可悲可叹的是，明明知道自己不过是个“小男人”，却又在潜意识里想成为大男子主义者，真可谓“志大才疏”——既野心勃勃，又无能透顶。

一个男人证明自己的方式多着呢，不一定非得体现在对女人的“驾驭力”方面。我个人比较看重意志自由，即别人不要控制我，我也不企图驾驭别人。说到这里，我就发现自己其实很虚伪、很脆弱，因为我没敢说真心话——从本质上说，我其实还是比较“贱”的，在面对极个别才女的时候，我常常想：“即便是让我被驾驭，我也是心甘情愿的，我宁愿做绿叶来衬你这朵红花。”

话说，我很讨厌把女人当作男人的附属品那种观念。有一次，姨妈考虑到我生活自理能力差（其实我自理能力差的唯一表现也不过是房子又脏又乱，衣服又脏又乱，其他方面还好），建议我的择偶标准第一条是“要能把你伺候好，对方的长相和性格倒不是最重要的……”对于这样一个“充满关切的建议”，我甚至连基本的礼貌都没有给予，我讽刺性地回答：“按照你这个建议，那我干脆找个保姆伺候我就算了吧，还娶啥媳妇呢？我生活自理能力差是事实，但我需要的只是照顾而不是伺候！”苏子曰：“照顾”与“伺候”当然不是同一回事情——伺候者只不过是被伺候者的一个附属品，没有独立地位；而照顾者是一个独立的个体，并不依赖于被照顾者，在强者照顾弱者的情况下，照顾者的地位还要高于被照顾者。

我在此说这话只是因与前面那位兄弟的观点针锋相对的需要，而非为了向这些女人献媚——尽管我的内心确实很想向她们献媚，但我其实非常清楚，如果拿这种“没骨气”的话来献媚，那也太愚蠢了——相当多的女人，其实在内心里面还是希望被男人驾驭的，她们甚至认为只有大男子主义者才有“男人味”（可见大男子主义者未必都是男性，女人里面也有大男子主义者）；一旦你用这种方式向她献媚，她铁定会在心里瞧不起你。而我生平最怕的就是被自己所爱的女人瞧不起，因此，“犯贱献媚”这种猜测不成立。

我有个远房表姑父就是我这样的“贱男”，他儿子上小学很是调皮捣蛋，开家长会时被老师训斥，然后我姑父对老师说：“这孩子在家里是由他妈妈管教的，而他妈妈在家里就是女皇，她的指令是无人可以违抗的！”姑父回家后还沾沾自喜地向老婆大人和岳父大人（这位老人是长期住女儿家的）汇报他的战果。家有如此“贱男”，女人和老人都幸福很多——这“贱男”其实也很幸福。

说到我这位“贱男”姑父，我便想起关于他的另外一件事情：有一次，我在妹妹的带领下去他家做客，表姑的儿子七八岁，机灵可爱，蛮好玩的。晚饭时，表姑给姑父一个指令，姑父屁颠屁颠地执行去了，等姑父再回到饭桌上，那小孩说：“爸爸怕妈妈！”一个男人当着外人的面，居然被自己的儿子做出“怕老婆”这么个评价，自然有点尴尬。姑父满脸涨得通红，表姑也有点不好意思。我连忙纠正小表弟：“这小屁孩，懂个啥？等你长大才会明白，男人对女人，那是‘因为爱，所以怕’，爱到什么程度，才会怕到什么程度。你说你爸爸怕你妈妈，那是因为你爸爸爱你妈妈！”这话是对小表弟讲的，实际上是说给姑父和在场的其他人听的，是在帮姑父解围！对我这场及时雨，姑父感动得不得了，连连给我这位晚辈斟酒。表姑的反应呢？脸上洋溢着幸福的笑容，连连往我的碗里夹菜。后来妹妹还告诉我：

“姑到现在还夸你太会说话了！”我“谦虚”地说：“这与会不会说话没有关系。会说话，那是个技巧问题，会说话的人往往说一些讨人喜欢的假话；而我只不过借机会说出了我的真实想法而已，没有诉诸任何技巧。”

PS：

据《中国男人怕老婆史》记载，康熙年间的宰相索额图极其怕老婆。一天，高士奇见索额图没来议事，就知道他家里又出事了，赶紧派了个使者去叫他。那使者来到索府，却见宰相夫人拿着鸡毛掸子趴在地上对着床底大叫：“你出不出来？”

当朝宰相在床下大叫：“男子汉大丈夫，说不出来就不出来。”使者暗笑，忙喊：“索相，皇上召您入宫议事。”却见索额图从床下爬了出来，一边拍打着身上的灰尘一边骂道：“哼，有皇上给我做主，难道我还怕你不成？”

## 不同档次的男人常常这样对待女人

有一天晚上，我和国罡在国权路上散步，忽然听到身后有很大的哭叫声。回头一看，一个男人正在当街打一个女人（至于这个被打的女人是不是他老婆，这并不影响后面的“借题发挥”），边打边训斥，打完之后，还强行将其拖入车中，并且非常不满地呵斥我俩：“看什么看？” 国罡自言自语了一句：“这种男人真不是什么东西，居然会以这种方式对待女人。”

他当然知道自己不是东西，他当然知道自己正在做的事情不光彩，见不得人，否则为什么不愿意让别人看到呢？我们如果做一件很光彩并且引以为豪的事情，巴不得让更多的人知道呢，有什么理由说“不许看”？

从男人对待女人的方式，大致可以看出这个男人处于怎样的一个层次。

有相当多的男人认为女人应该成为伺候男人的工具，把女人当作生孩子、传宗接代的工具，说这些男人没文化一点儿也不冤枉他们，因为他们不懂得人与工具的区别是什么。这些人最适合的社会职务应该是上门女婿，他们也应该被人家当作传宗接代的工具来讽刺一下。当然，我并不认为上门女婿有什么错，我只是认为那种把人当作传宗接代工具的观念很荒诞。

去年，我认识的一个人曾经在吃饭的时候说过："一个女人要抓住男人的心，先须先抓住男人的胃。"我嘴上没说什么，心里骂了一句："这样的男人真TMD浅薄！就知道个吃，那你干脆找个厨师老婆呗。"

动不动就对女人使用武力或者以武力相威胁的男人，有几个是有文化（高学历、读书多不等于有文化）有修养的？打老婆的男人一般都是无能的男人，事业上没啥成就，在外面被人瞧不起，非常自卑，只好回到家里通过打老婆来"找回""男人的力量和尊严"。但最悲哀的还在于，他根本不知道，他打老婆（甚至孩子）的行为，只能更进一步证明自己的无能。

这些男人"炫耀武力"并不全是道德问题，更重要的还是思维水平简单——幼稚地以为通过在老婆面前用暴力等手段显示优越感就能真的掩盖自卑。我不会歧视档次不高的人，但如果他没能力、没文化还要出来显摆，并且是通过大男子主义、打老婆这种没有水准的方式来炫耀自己的无能和没文化，那我肯定是要表示一下鄙视之情了；否则，那也太对不起人家的炫耀了，人家“忍辱负重”来炫耀自己的无能，不就是为了换回一个被鄙视的结果吗？

我认识的一个生意人，不知用了什么招数让客户公司的女采购变成他的“女朋友”，后来这家客户已经对他没有价值了，他就与“女朋友”“分手”了。如果你身边有这样的朋友，你对他放心吗？你会真心诚意地与这样的人称兄道弟吗？你就不怕他哪一天再用对女人的那种方式对待你吗？

我的一个初中同学，从长相来看是个帅哥，擅长泡傻妞。他过的是“以妞养妞”的生活——用妞A给他的钱去玩弄妞B。妞A不知道他的这种行为不跟他分手乃情有可原，但妞B明知事情的来龙去脉还是“爱”着他。尽管这位曾经与我关系不错的同学是一个“高水平的人”，但我还是果断疏远了他。智商高、情商高的人，境界未必就高。

在我接触的男人中，凡是我得知他们以上述方式对待女人的，不管曾经关系多么好，我都会疏远，只是为了不降低自己的品格和层次而已。相反，我倒是认为重色轻友（这里的“友”既指“无用的朋友”，更侧重于“有用的朋友”）的男人不错，至少他们比较真实，这种人往往比较感性而不太会精于利益得失的算计，与这些人交往可以有真正的友谊。

我有位至交好友，去年辞掉了在中石油的工作，去北京参加公务员考试。我很好奇，他这种对从政没兴趣的人怎么会去考公务员？后来他给我透了底："我去考公务员，并不是把它当职业，也不是为了福利，而是为了一个女人——我在追一个北京女孩，为了让她的父母能接受我、认可我，我必须争取到北京户口，我冒着找不到工作的风险考公务员只是为了北京户口而已。"如果是在六七年前遇到这种"性情中人"，我肯定会"鄙视"一番，但如今当他告诉我真相的时候，我立刻表达了对他的尊敬与崇拜之情。好样的！尽管公务员没考上，女孩也没追到，但这种魄力还是我非常欣赏的，感情的事，不论成败与否，付出都是值得的。

不管是男人女人，如果你身边有这样的朋友，一定要珍惜。

## 真正的恋爱高手都是不怎么写情书的，写情书的往往都是搞不定的

七夕前，瓢虫君感慨道：“从前没有情人节，却有很多情诗。”

对这句话，我感触颇深。随即就想到了我自己在春节前写的一段话：“手机短信和QQ、微信这些更先进的交流方式取代了‘落后的’书信，于是，我们再也体会不到收到纸质情书时的幸福感觉；尿不湿这种方便的玩意儿取代了尿布，于是我们再也体会不到亲手为孩子洗尿布多么幸福；有钱了，我们懒得自己做饭了，连年夜饭也去酒店吃，饭菜的档次是越来越高了，却越来越没味道了。”

是的，在一个聊天工具便捷化的时代，我们表达感情的方式，在变得高效的同时，也呈现出“碎片化”及“快餐化”的特点。我们都习惯了用短信、QQ、微信等，可一提到情书，就有人会说：“哎呀，我不会写啊。”我倒觉得，在所有的写作中，情书是最简单、最不需要技巧、最不需要文学功底的，你只要把自己的真实想法写进去就行

了，哪怕那种念头是幼稚的、可笑的。写情书的过程还可以让人自我陶醉，多美妙啊！情书写得不够精彩，那不是水平问题，而是你对TA的感情本身就不够精彩。在写情书的时候，只要足够用心，每个人都可以成为一流的作家（我现在再翻开初中时写的早恋日记，还常常对当年的自己崇拜不已）。

2003年9月至2004年年初，那几个月，我给同一个人写了好多情书。此后的七八年里，跟女生的交流都是短信什么的，再也没有怎么写过情书。

时间上距今最近的一封情书是在2011年年底写的。这次写情书的时候，我无奈地感慨道："只有要写情书的时候，你才会真正意识到从小练就一手好字是多么重要；只有在做不了合格的护花使者的时候，你才会意识到从小便练就一副好身手是多么重要；只有在孩子撒娇让你给他/她讲个故事而你却讲不出的时候，你才会意识到博览群书是多么重要；只有当晚辈们让你讲讲你的人生阅历时，你才会发现年轻时为了追求稳定安逸而选择的一辈子在同一个地方吃同一碗饭，一成不变的生活方式是多么可怕！"我知道自己水平太差，如果直接一次性写在信纸上的话，会把纸面弄得乱七八糟，所以会事先在电脑上打个草稿，然后再誊写到信纸上，亲手编写一丝一缕、一句一声；最终寄出去的情书，一定得是手写的。

此外，我寄情书的时候，一定是选择最慢的中国邮政，并且还是最慢的平信，而不是快递——情书，不需要效率；漫长的等待过程，那不是煎熬，而是愉悦；等待的过程越漫长，则收到情书（或确知对方已经收到）之后的愉悦感也越强烈（心理学上有个词叫“延迟满足”，可以用来概括这种感受）。还有，在寄出去的时候，我从来都不寄挂号信。固然，不挂号的信不安全，可能丢失，但为信件可能丢失而担忧的那种焦虑不安、那种牵肠挂肚，也未尝不是一种很愉悦的感觉。

曾经有人问我：“你写过情书没有？怎样写情书？”我说：“自初二时就开始写了；不过，真正的恋爱高手都是不怎么写情书的，情书写得很精彩的大多数都是搞不定的——钱锺书、王小波、常远和陈纯老师这样的才子文人或许是例外。”当然，在内心里，我认为，情书的主要价值在于自我陶醉，而不只是一项“恋爱的工具”。这一点，我在上次写情书的时候体会得尤其深刻：当我给这个姑娘写情书时，搜肠刮肚地列举她的种种优点，幻想着和她在一起的未来会有多么幸福，结果是，情书写完之后，我发现我比以前更爱她了。在积极心理学上，这个叫作“行为影响态度”。有了这个“惊人的发现”之后，我极尽谄媚之能事，在情书中写了这么一段：

“平常，但凡听见其他人在电话里对恋人讲甜言蜜语，我都在内心鄙视他们——取笑他们讲的话不但肉麻，而且恶心；更要命的是，我觉得他们的那些甜言蜜语缺少技术含量。那么不上档次的甜言蜜语，一遍又一遍地重复，有什么意义呢？现在，我终于开始理解和宽容他们了——因为，我发现我说的那些哄你开心的话，比他们讲的更肉麻、更恶心、更缺乏技术含量；更要命的是，我重复的次数却比他们多得多！或许，由于我这可怜的水平无法满足你那挑剔刁蛮的高雅口味，无法达到让你开心的效果；但是，那些肉麻话，每重复一次，我的幸福指数都会大幅度飙升！总之，我觉得，这世界上最幸福的事情就是给你写信啦。有了这个切身体会之后，我准备向党中央国务院隆重建议，在全国范围内举办一场‘情书大奖赛’——此举必将极大地提高国民的幸福感，同时，种种社会矛盾自然得到缓解！”

斯人已让我从她的视野中消失了，但生活还得继续；同时，我也感谢她的拒绝——被拒绝，这就让我在认识另一个更可爱的姑娘，也就是你时没有心理负担了。目前，比较郁闷的是，我已经“苏郎才尽”，写不出精彩的情书了。情书，我肯定是会给你写的，或迟或早；可是，倘若还没有把握让新情书的质量超过之前写的，那我肯定是不会写的。

在这方面，我是个绝对的完美主义者。有好几次，我都忍不住想把去年写给昔日单恋对象的情书拿给你看一下——一则是让你更进一步深入了解我的爱情观；二则是，你若看过了，我就有了压力，在以后再给你写情书的时候也就能够有动力写得更好。但琢磨了很久，终究还是没敢冒这个险。“不敢冒险”，什么意思呢？人对不同对象的感情，总会有某些共通之处，更何况爱情观是比较稳定的东西，相隔九个月之后的情书，纵使文字本身能够与之前的“旧作”截然不同，可个别一两个观点的雷同则是难免的；如果我对你说的某句甜言蜜语的意思与跟她说的某句很接近，这只是情感的共通，而不是我要把当年对她的感情复制到你身上，更不是搪塞你。我知道你能够理解我，可我还是怕你有所误解，也怕你在将来无理取闹的时候拿它来挟持我，故而就不敢给你看了。

此外，我在第二段的那句“情书写得不够精彩，那不是水平问题，而是你对TA的感情本身就不够精彩”，等于给自己戴上了一副枷锁和镣铐。如果你先看了我写给她的，然后再收到我写给你的，你对比了一下，觉得我写给你的情书质量比不上“旧作”，那我就得吃不了兜着走。这个想起来着实蛮吓人的。这就是我一方面希望能从你这边得到“更上层楼”的压力和动力，另一方面却又逃避这压力和动力的另一个原因。

关于目前写不出情书这个问题，也许还可以这样解释：平日里的交流“太频繁”了，以至于很多本来应该留在情书里集中表达的东西，都让我们提前透支了——以零零散散的只言片语的方式透支了，再写情书的话，难免重复，可能只是旧言辞的堆积，没意思。我去年的情书之所以写得好，一个原因就是平时交流少，写情书的时候才调动起了所有的想象力。而现在则完全相反——这次，“麻烦”的是，平时交流太多，把情书的内容提前透支了。

大体上讲，我的体验是：与两情相悦或“相互暗恋”相比，单相思更能催生出好的情书；与天天腻在一起的情形相比，距离和没有机会对话的相思之苦更能催生出精彩的情书。圆满的感情与精彩的情书，二者难以兼得；真是悲了个剧了，哥真是无奈得想哭。既然我没本事将圆满的感情与精彩的情书兼顾起来，那么，最理想的状况也许是：先经历一个漫长的、距离遥远的单相思，备受“相思之苦的折磨”，等到写出好的情书之后，再在感情方面如愿以偿。路漫漫其修远兮，吾将上下而求索。

## 备忘录

“我突然想到，结婚前应该先做完这两件事情：说完所有批判婚姻制度的刻薄话，写完所有我想写的爱情赞美诗和情书。之所以说要在婚前做完，是因为这两件事情在婚后做起来风险都很大，会伤害到不该伤害的人，弄不好得吃不了兜着走。可是，这两件事情我做得完吗？估计一辈子都做不完。”

## 寂寞者像苍蝇——致那些不会搭讪的人

一个女作者告诉我，一个男生找到她问：“你平时都写些什么东西啊？”她便把自己的公共号发给他。然后，那男的估计是连看都没看，随口就说了句：“是营销号吧？”

遇见无数个不会说话的，但还真没见过这么傻的。

然后，这家伙又说了几车没有什么意义的话：“估计你是今年毕业的吧？”“怎么比我还大一岁？”“有没有什么好的文案，欣赏一下。”

后来，这妹子生气地向我吐槽：“明明是什么都不懂，却一定要装出什么都懂、什么都感兴趣的样子，浪费了我好多时间！”

我弱弱地猜：“估计是想勾搭你，但苦于不会搭讪吧？”

这下子妹子兴奋了：“对，可是真为他的智商着急！”

身为一个因为自己不会搭讪便因此而“不敢”跟人搭讪的人，我向来鄙视那些明明不会搭讪却还试图到处勾三搭四的人。自己丢人现眼倒是小事，关键是，太浪费别人的时间。

像我这种轻易不跟人搭讪，也缺乏搭讪欲的人，一旦跟人搭讪，肯定就是高逼格的。去年，在一朋友的朋友圈看到一个很漂亮的妹子，据说单身，朋友主动把联系方式告诉我，让我去勾搭。我苦恼地说：“可是，我完全不会跟人搭讪啊。”朋友训斥我：“连你都说自己不会搭讪！在我眼里，你分明就是个搭讪高手啊。”我是真不会，她之所以认为我是搭讪高手，乃是因为我跟她认识太久，并且，相谈也比较投机。对这次搭讪，我是比较认真地酝酿了一下，然后，做自我介绍的时候说：“我姓‘慕容’，名‘而来’。”后面，再说了哪些高逼格的话，我是忘记了。但这个高逼格的“姓名”，一下子就赢得了对方的青睐。她回复我的时候，还加了一句：“这下，我要对×××（介绍人）另眼相看了，她的朋友圈子里居然有你这么有意思的人。”

可见，高逼格的搭讪，不仅能一下子让自己给别人留下深刻印象，还能顺便让你的朋友“沾你的光”。

言归正传，接着说那些喜欢搭讪的人。

搭讪欲太强的人，有一个共同点：寂寞。

寂寞，常常与孤独被混为一谈。

孤独与寂寞的共同点是，都无法忍受“一个人”的状态，在某个阶段独处能力很差，找不到心灵的归宿。

两者的区别：

A. 孤独，是需要别人来陪伴自己；而寂寞，则是自己想去“陪伴”别人。

B. 孤独者处于守势，他的孤独需要别人来抚慰方才得以摆脱；但寂寞者处于攻势，他摆脱寂寞的方式是积极主动地去打扰别人。

C. 孤独者是需要关怀的弃婴，寂寞者则是时时刻刻都想去“强吻”别人的蚊子或苍蝇。

D. 孤独，是纯私人领域的事情，一个人如果很孤独，只有他自己难受，对别人无甚影响；而一旦他突然感到寂寞了，则必然有无辜的人要跟着遭殃了。

很多情况下，这两种特征会出现在同一个人身上，那么，他孤独的一面，会得到同情和关切；而他寂寞的一面，则常常是令人厌的。

有不少读者留言问我，如何加入读者群。我都回答说：“我们没有读者群。”其实，春节后那段时间，我们曾经有过一个读者群，但后来我自己率先退群了。因为，里面整天充斥着各种寂寞的声音和试图红杏出墙的声音。我就好奇了，你们难道就不能有点别的追求吗？单身狗就一定要活得那么没尊严吗？

正常情况下，爱情的发生，是先遇见某个具体的人，然后动心，接着去追求；但在寂寞者的世界里，一切都是颠倒过来的——他们先在脑袋里捏造出一个“爱的对象”，先形成一个概念，然后，带着猎艳的思维去寻找符合这个概念的那个人。因此，我常常对一些寂寞者说：“你泡的不是妞，而是关于妞的概念。”

寂寞者最令人讨厌之处在于，他们不仅自己这样做，还认为每个人都应该这么干。几个寂寞者在一起，会形成强大的舆论攻势，向不寂寞的人施加压力，让他也做一些只有寂寞者才可能做的无聊之事。

也就是说，寂寞者不仅自己是令人讨厌的苍蝇，他们还往往试图把别人也改造成苍蝇。

临了，我对那妹子补了一句：“以后，再有人骚扰你，你就建议他，好好向男神学习。”像我，尽管也完全不懂如何跟人搭讪，但多年来，我不断地提高自己的魅力指数，因此，主动跟我搭讪的人总是络绎不绝。寻花问柳与招蜂引蝶，绝对是有境界差异的。

或许，有很多人还不懂寻花问柳跟招蜂引蝶的差别，那我来解释一下：寻花问柳，是行为上主动进攻，给别人带来了太多骚扰，自己却掌握不了主动权；招蜂引蝶，是在不主动骚扰别人的前提下施展魅惑，当别人来找你时，主动权就在你手上了。

据说，大多数男人都喜欢在追求女人的过程中满足自己的“征服欲”，但我觉得，这个“征服欲”，其实算不上什么出息，因为，它不仅大男子主义，而且，还暴露了征服者的玻璃心。与征服力相比，我更希望自己有“被征服的价值”，有别人愿意来征服你，说明你有被征服的价值；但你能征服别人，充其量只是一种“购买力”而已。与价值相比，购买力，其实没有多少意思。

什么时候，你让自己变得具有被征服的价值了，你就不会那么在意什么“征服欲”了。这样，你就由一个苍蝇一样的“寻花问柳者”晋级为“招蜂引蝶者”了。

## 你谈的不是恋爱，是空虚，是寂寞

“人之患，在好为人师。”此乃绝对真理。但并不是每个人都有资格为人师的。为人师的最基本前提是，你相对于“弟子”至少在某个方面拥有“比较优势”。

我们这个社会上，总有好多男人缺乏职业精神，不努力工作，也蔑视一切与读书学习有关的事情，因此在“传道、授业、解惑”方面，他们都是没有资格为人师的；或许此处的“不能为人师”让他们有失落感，但他们在另一个自己擅长之处找到了当大师的机会——他们在闲暇时刻的主要爱好就是到酒吧等类似场合去猎艳，或者与同他们一样的另一群男人切磋切磋“猎艳心得”，在这方面拥有丰富的知识储备的他们，在遇到苏清涛这种26岁还单身的人，他们立刻找到了优越感。他们非常同情苏清涛的“不幸遭遇”，于是助人为乐地发挥他们在苏清涛面前的“比较优势”——免费传授“泡妞秘诀”。

只是，“情感大师”们所不明白的是，苏清涛向来对这种破事是不屑一顾的——正如我在以前的文章中提到的，任何类似于“恋爱秘诀”“恋爱技巧”的文章的作者和读者都是一些浅薄之徒。不过，传授“恋爱秘诀”及“猎艳心得”乃是这些“大师”唯一能够发挥“比较优势”的地方，为了不伤害大师们的热情和自尊心，我通常总是委屈自己，装出一副洗耳恭听的样子去“品味”那些毫无技术含量和思想价值的经验。这些“经验”唯一的用处就是促使我写一篇文章来“批判”它，这不能不说是一个极大的讽刺。

我为什么对这些“猎艳秘诀”不屑一顾呢?

曾经有个同学在无聊的时候要跟我讨论什么“泡妞/猎艳技巧”，被我“数落”了一顿。他很不满地质问：“难道你空虚的时候就不想女人吗？”我答道：“我在空虚的时候当然也想女人，并且我在不空虚的时候也会想女人的；只不过，我想的是某个或某几个具体的、我认识的女人，而不是先在脑中构建起一个关于女人的概念，然后再去现实中寻找符合这个概念的客观存在。”可以肯定的是，好多人从来没有考虑过，甚至现在也没有搞懂这里所说的“具体的女人”与“女人这个概念”两者究竟有何不同。

所有抱着猎艳心理泡酒吧的男人，都属于后一种：先构想出概念，并确定目标“搞定符合这个概念的某个客观存在”，然后再去寻找那个客观存在。因此，每当“猎艳男”得意扬扬地向我炫耀并传授

“恋爱秘诀”时，我都在心里说：“你不是在泡妞，是在泡概念，是在泡寂寞和空虚！”我从来没有兴趣去泡概念，如果偶然有艳遇的机会降临，我不会放弃；但我从来不期待艳遇的发生，更加不会刻意去寻找艳遇的机会。

自告奋勇要当我的红娘或“红爹”的好心人虽然谈不上络绎不绝，但也是一直就有的。不过，我搞不清他们的热情是出于对我“26岁还单身”这种“不幸”的同情，还是因为觉得我有个人魅力。热心肠的人总是首先问我：“择偶标准是什么？”我的答案一贯是“没有标准”，对方的反应一贯是“没有标准就是最高的标准”。非也非也，没标准与标准的高低毫不相干。我曾经在回答某个兄弟关于“标准”的问题时说：“我不相信你在对某个女人动心，或者产生性幻想的那一瞬间会认真地在大脑中去评估她是不是符合你的标准。一个完美无缺（这里的完美无缺指完全符合你预先制定出来的标准）的女人摆在你面前，你不一定会对她动心的；对一个你明知有很多‘缺点’的女人，你却可能对她痴心难改。因此我认为标准是没有任何意义的，所以我从来不制定标准。”

在我对某个女人动心的那一瞬间，她就是标准。是先遇到某个具体的人，才形成了标准；而不是预先制定出一个标准，然后再去寻找符合这个标准的人——过分注重所谓标准，与前面一段所提到的“泡概念”“泡寂寞”的思维方式是没有区别的。

我猜想，必定有不少“猎艳大师”在看过此文后认为苏清涛脑子有问题、思维变态吧？变自己的态，让无聊的人去非议吧。不过，你们可以尽情地去泡自己的寂寞、去泡概念，只是不要在我这变态面前冒充大师级人物了，我不会顶礼膜拜，也不会感激的。

## 如何快速从失恋中走出来?

有人问我："失恋的感觉，痛苦吗？"

这是个什么破问题？不仅破，简直还有些缺德！倘若是一般人问个如此"伤口撒盐"的问题，我肯定立马在内心里就对TA永久地判了死刑了，但这次，偏偏问话的人，是一个"特权享有者"。

"特权享有者"是这样一种人：纵使他们对你做事是充满恶意的，你都会非常自觉地以最大的善意来对其进行"翻译"；即使是他的无心之过刺激了你，你也会站在他的立场上替他辩解。

我猜想，"特权享有者"之所以敢这样问，有两种可能的心理：我有把握，你不会有多痛苦，问了不会刺激到你；即便是我的很损的问题对你造成了二次伤害，你也不能把我怎么着！

这么一想，我便有些得意扬扬了。

不过，我还没有缓过神来，人家又问了一句：“知乎上有人提问‘怎样才能快速地从失恋中走出来’，是你问的吗？”这显然是故意冤枉我嘛，我这样的人，还用得上提这个问题吗？这个问题，由我来回答还差不多。

失恋，有那么可怕吗？

在非自愿的情况下结束一段感情后，如果你长时间痛不欲生，感到绝望和迷茫，那么，这是一段很糟糕的感情；因为你在跟那个人相处的过程中把他当作你的全部，完全丧失了自我意识，这是很可悲的。一份好的爱情，必定能让你变得更加成熟和智慧，让你从中发现自我，让你的人格更加健全；即使这段关系被迫走向终结，你也学会了爱，更具备爱的能力，更懂得付出，而不是“我再也不相信爱情了”，觉得“天塌下来了”。想起《人民日报》前记者凌志军的一句话：“邓小平的最伟大之处，在于他做到了让全国人民能平心静气地接受他的离世。”小平去世后，老百姓的平心静气跟主席去世后绝大多数人的“停杯投箸不能食，拔剑四顾心茫然”形成了鲜明的对比。我的失恋，就像是中国人民经历了邓小平的去世一样，痛苦程度还是“可控的”。

要说失恋后不痛苦，那是假的。但如果说是“痛不欲生”，那也不对。因为，我在痛苦的时候，就会努力地想活得更好。一有了这个劲头儿，痛苦就慢慢地没有了。

忘记过去，是没有良心；但如果老是沉浸在过去，甚至想回到过去，则是没有头脑。失恋后不痛苦，那是没心没肺；但“过分的悲伤，却只能证明智慧的欠缺”。(最后半句是莎士比亚以朱丽叶母亲之口说的。)

我是如何做到“悲情而不悲伤”的?

有一次，以前的一个同事打听我的一些事情，我说：“我最近突然发现，像我这样虽然一直未能‘修成正果’，留下了太多的遗憾，却有一个极大的好处——我在人生的不同阶段里，能够毫无道德负担地体验到不同的女人的精彩。”他对我的说法是“肃然起敬”。当然，如果局面是自己可以掌控的，我倒是宁愿不要这样的“精彩”。另一个侧面是，对我这种很看重生命厚度的人来说，哪怕是跟一千个女人有过风流韵事，也不如用心去疼爱一个人，然后，让一千个女人去羡慕她。

我还想起，很久之前，曾有个粉丝说：“每个人一生中都会喜欢不止一个人，但有的人，TA遇见的对象，是在时间轴上纵向分布的，这样，TA就在不同的阶段有了不同的体验；而另一些人，却可能在漫长的时期里没有遇见过一个喜欢的对象，却在另一个时期里，一下子遇见了好几个，这样，TA喜欢的对象，是在空间上横向分布的。相比之下，后一种人是很不幸的，因为TA不可能一一都去接触，一接触，就成出轨、背叛了！”我很幸运，失恋，让我成了“第一类”。

除此之外，我还一直坚信：下一任一定比上一任更出色、更可爱。这是个已经被实践证明并将继续被证明的真理。

之所以敢这么确信，是因为我相信，我自己是持续升值的——人力资本、趣味性等多个方面。自己越升值，胃口也就会越刁，这样，能入眼的异性也就“越不简单”；相应地，自己越出色，也就越有可能被更出色的异性相中。

“胃口越来越刁”这个话，最早并不是我说的，而是某个让我失恋的人说的。她说：“你的初恋是二本，第二任是北大的（她缔造过14岁考上北大的神话，所以有自负的资本），你的胃口真是越来越刁了。假如有一天跟我分手了，你的下一任一定就是耶鲁的或普林斯顿的。”我之所以失恋这么久了却没有勾搭过谁，就是因为在等那个“普林斯顿的”——我个人并不看重学历这些东西，我只是想验证一下，她说得对不对。

我的“持续升值”，既得益于自己的持续学习，也要归功于那些让我失恋的女人的“调教”。

通常，男人自从对一个女人动心的那一刻起，标准就开始放宽了，那些出现在别的女人身上他都不能接受的缺点，放在这个女人身上，他都渐渐接受了；不但能接受，甚至还觉得那些缺点很可爱。再往后，男人跟女人相处的过程，就是一个底线不断降低的过程，也是一个逐渐把女人给纵容惯坏的过程。而女人则是，自从爱上一个男人那一刻起，哪怕自己尚处于单恋期，她便开始以“完美男人”的标准来审视对方了；庸俗点儿的，就是以“望夫成龙”的标准来改造对方，要求他“成功”。一般来说，她越爱他，便对他越苛刻——苛求他能大度地包容她所有的“无节操”。只要男人还不至于不求上进，只要女人的要求尚不愚蠢，男人准会被女人改造得越来越出色。因此，女人与男人相处的过程，往往是一个物质和精神双重扶贫的过程，也就是一个“往高层次带人”的过程。如果分手了，男人留给女人下一任的，是一个“胃口更刁”的女人；而女人留给男人下一任的，则是一个更好的男人。

因此，我得感谢你把我改造成这个样子，让我有资本遇见更好的她。

在《“得不到的才是最好的”是最愚蠢的思维》一文中，我曾经提到，在我的思维中，吃不到的葡萄固然是甜的，但能吃到的，才有实实在在的体验，才是更甜的。人生有无数种可能，我偏偏以为，已经实现的那种可能性便是最好的。

失去，是下一个美好的起点。

有不少人很好奇地问我："像你这样的单身狗，如何能做到一个人还能成天这么high？"倘若我直接回答说"因为我是个艺术家"，大家肯定会嗤之以鼻的。但我经常引用周国平的一句话来解释这个问题："对艺术家来说，最可怕的，既不是失恋的痛苦，也不是无爱的孤独，而是失去创造力；只要创造力生生不息，他就仍然有对生活的勇气。"尽管已经老生常谈了，连我自己都腻了，但我的确就是这样的人。失恋的痛苦比较容易结束，但倘若是一段时间没有进行高质量的"刷屏"，我便会严重地"缺乏安全感"。以前，我会怀疑"这样的书呆子会不会不好"，但在被周国平洗脑之后，我便经常以"我身上有艺术家气质"自诩了，逼格立马上升了好几个档次。

如果你也能成为一个真正的书呆子，就不至于让失恋影响到你的生活了。如果你不同意我的前一句，那一定是因为你还不够呆。

PS：

这篇文章写好后，看到了别人于知乎上截图的一段话：

男生有文化，最大的好处是日后能够耐得住寂寞与孤独，和自己相处。

而能享受一个人的状态，充实并怡然自得，不至于六神无主、方寸大乱而恣意纵欲，麻醉自己，是一个男人的魅力之一。

《肖申克的救赎》里面，安迪被关禁闭暗无天日了三个月，别人问他怎么忍受得住，安迪答道：“因为有莫扎特陪着我。”

6024个赞。

## 凤凰男，你若孤老终生，便是晴天

《平凡的世界》剧终时，秀莲还活着，对我这样的观众来说，这已经是最好的安慰了。

十五年前看原著时，心思全在田晓霞身上，竟把贺秀莲这个角色忽略了。但这次看连续剧，秀莲竟然成了我心目中的“女一号”，至少，她的可爱与完美足以跟田晓霞媲美。秀莲第一次见到少安时心里想的是“这样的男人，即使是跟着他讨饭，我也是心里踏实的”，她是很有眼光的。但孙少安在婚后对待秀莲的态度特别像个凤凰男，这多多少少让人感到遗憾和心疼。

什么？孙少安是凤凰男？这似乎完全不符合凤凰男的定义，因为他并没有进城，而且娶的也不是城市姑娘。所以，他应该算不上凤凰男。纠正一下，我们这里说的是凤凰男思维，而不是凤凰男身份。这小两口的婚姻其实蛮幸福的，他们还是村里人羡慕的一对。既然这样，把人家的男主人说成凤凰男，岂不是冤枉了？

还真不冤枉。孙少安身上的凤凰男思维，在关于分家单过和箍新窑这两件事情上突出地表现出来了。

结婚后，一直是一大家子在一个锅里吃饭，几年后，秀莲向少安提出，把他们两口子这个小家从大家里分出来，单过。她认为，分家后负担轻，可以把日子过得更好一些，但少安当时就火了，不容分说地火了。少安作为家里的长子，长期肩负着照顾一家人的担子，他有使命感，并且，感情和孝道都使他不能容忍分家，他不能接受分家的提议，这是完全可以理解的，也不算过分；但他在听了秀莲的提议后竟然蛮横地说了句："以后再不要跟我提分家这个事，再提，小心我捶你。"有话就不能好好说吗？这种大男子主义的态度，就让这个全剧中最可爱的男人表现出了一股人渣味。

秀莲是十分孝顺老人的，她提出分家的要求，一点儿也不过分；又不是说，只要一分家，就完全自顾自个儿，不管老人了。以秀莲的个性，即使在分家之后，老人那边遇到事情，她会看着不管？这么简单的理儿，少安就想不通？其实，在少安眼里，分不分家，主要还不是个经济问题，而是个严肃的政治问题、伦理问题——如果娶了个媳妇就跟父母分家过，他除了在感情上无法接受，还有道德压力、舆论压力。在分家的问题上，少安是顾忌了家里所有人的感受，唯一没有尊重的就是老婆的感受。

当然了，作品中反映的是20世纪七八十年代的农村婚姻，用现在的标准来要求，确实有点儿苛刻。不过，即便是脱离剧情看，像以孙少安这种方式来处理大家庭与老婆关系的，在现实中比比皆是，它所对应的一个群体就是凤凰男。

在有凤凰男思维的人看来，对家里所有人的照顾都比对老婆的尊重要紧，因为老婆压根儿就是个“外人”。如果嫁给这样的凤凰男，你会被拖累着去照顾一大家子原本跟你没有什么关系的人。结果往往是，被照顾者的生活水平不见得能大大地提高，而你的生活质量却明显下降了，并且，你还会非常委屈。要照顾大家庭当然没有错，但前提应该是先把小家庭的日子过好，如果连小家庭的日子都过不好，你还怎么照顾大家庭？而对男人来说，一个原本跟你毫无血缘关系的女人愿意跟你共度一生，就不错了，你还凭什么不尊重人家，硬要逼着人家在自己都没有过好的情况下优先去照顾你的家人？

像少安这种“不容分说”的粗暴态度，不仅让秀莲受伤，而且，即便是他的父亲也不开心。当你逼着老婆牺牲自己的幸福去照顾你的父母，并且两口子因此而闹矛盾时，必然会让父母有心理负担，他们会觉得“是我们拖累了儿子”。结果是，大家都不快乐。

我当然不是说凤凰男只要结了婚，就应该完全对老婆唯命是从，不管老人死活了，而是说，你在向老婆表达自己要照顾那个大家庭的愿望时，最起码态度能不能好一点。并且，你首先应该清楚，你老婆并没有提携你的家人的义务，对她来说，那不是理所当然的。既然如此，你凭什么不跟人家好好商量，而强迫人家做出牺牲？

凤凰男身上的“光宗耀祖”“救世主”情结，也常常是对老婆的巨大伤害。

少安在别人的砖厂打工赚了第一桶金之后，秀莲就希望能箍个新窑洞。在你没车没房的时候，人家不要彩礼嫁过门，并且还长期住在牲口棚里，现在，你有点钱了，人家要一套房子，这一点儿都不过分吧？当然，少安当时没同意，而提议用这笔钱先干事业，等干事业赚钱了再箍窑洞，这个提议也完全没错，这是更长远的考虑。不幸的是，后来少安一而再再而三地以各种借口不给秀莲箍新窑。村里的人都知道少安有钱了，天天都有人来借，秀莲担心箍新窑的钱会被别人全借走，再三劝导少安早点儿动工，但依旧无济于事。

最奇葩的是，最初，孙少安扩建砖厂，并不是业务发展的需要，而是为了“解决就业”，为了带动全村人早点儿富起来。他可真是个高风亮节的有奉献精神的五好青年啊。但是，他考虑了全村人的幸福，唯一没有考虑的，就是秀莲的感受。甚至，在秀莲反对他扩建砖厂，要求尽快箍新窑时，他还是那句话：“再说的话，小心我捶你。”唉，再可爱的人，也会有人渣的时刻。或许有人会辩解称，少安那只是说话方式粗暴，心里对秀莲“并不坏”。但实际上，在绝大多数情况下，“刀子嘴豆腐心”对人的伤害，远远超过“笑里藏刀”；恶语，并不比恶行更值得饶恕。

如果脱离剧情看，少安此时的做法体现的就是凤凰男身上的“救世主”情结。充当“救世主”，不仅是个人“自我实现”的需要，也是光宗耀祖的需要。但是，在他们想当救世主的时候，即便是乡下那些八竿子打不着的“穷亲戚”，也要比自己的老婆更重要。女人，若是嫁给这样的凤凰男，或许表面上会风光无限，但当你发现你在他的思维中连个“穷亲戚”都不如的时候，你肯定会很委屈吧？

十年前，我看过一篇短篇小说《衣锦还乡》，男主人公是东北农村长大的，在上海读的大学，毕业后在东部一大城市教书，娶了个城市老婆。春节时带着老婆回老家过年，在家里，他真是享受到了宰相衣锦还乡般的待遇。接下来，老婆在这个老家遇到很多尴尬事自不必说，更可恶的是，这个凤凰男的父亲喜欢吹牛，平时对亲戚朋友说他儿子在大城市干事情，挺能挣钱的，结果，好多亲戚都来向这个儿子借钱。儿子为了老父亲的面子，又只得打肿脸充胖子。如果你是他老婆，会是什么感受？

凤凰男，你若孤老终生，便是晴天。

我说这句话，是要招骂的。没关系，我跟着你们一起骂吧——我自己就是个凤凰男。不过，有朋友对我说："你只是在身份上是凤凰男，但并没有凤凰男思维。"

年青一代，个体意识都很强，在结婚后，你必须清楚，小家庭比大家庭更重要。不是说不要管大家庭，而是，如果你没有把小家庭放在优先级，结果是大家都爽不了；况且，如果你的小家庭没经营好，父母肯定会有自责感。如果你缺乏同理心，不会真正尊重女人，那就先做个利害考量吧——父母，你在能力不足的时候怠慢一下子，他们还是你的父母；但是，老婆，你要是敢怠慢她，她可能就不再是你的老婆了。自己看着办吧。

## 情痴是怎样炼成的？

最初，听到“情种”这个词时，我以为世间的痴情者都是天生的；或者，至少，痴情是一种自发的、无意识的心理状态。

逐渐长大了，便认清了好多真相。

所谓痴情，只有在爱情不能如愿以偿的时候方能体现出来。照此看，结局完满的爱情，扼杀了多少潜在的动人心魄的痴情故事啊！倘若金岳霖如愿以偿地得到了林徽因，或者费孝通如愿以偿地与杨绛结合，则他们因其对爱情的态度而赢得的粉丝群体也就没有现在这么庞大了。当然，单相思或任何爱情的意义并不是为了让旁人羡慕崇拜，我是说，真正的痴情者，他必定是自我陶醉于那份单相思中的，尽管单相思并不是他的最佳愿景。

不能牵手的单相思，未必都是悲剧。在一定意义上，单相思的价值要远远超过那些被婚姻俗气化的爱情。当然，说这句话的人，倘若不是一个精神胜利、自我欺骗的单相思者，便肯定是一个牵手成功后又反悔的人。子非鱼，安知鱼之乐与不乐？吾亦非鱼，不懂，不懂。

既没有天生的情痴，也很少有人愿意成为情痴——只是很少有，但也并非绝对没有；那些可歌可泣的痴情种子，大多是被“逼”出来的。一个人成为情痴，并非因为他本性如此，完全在于他遇到了“错的人”；当然，也可以说他遇到了对的人——人的一生，要是真能遇见一个值得自己为之痴迷一生的人，哪怕因此而一生单身，又何尝不是一种骄傲和幸福呢？

痴情者的痴情，完全是被对象训练出来的。倘非如此，那我们如何解释这样一种现象——即便是同一个人，他对不同对象的痴情程度是不同的？就算是“瞬间感觉”，一个人一生也不大可能只对一个人动过爱情的念头。你可能对这个人痴情个三五年，对那个人痴情个七八年，也可能对某一个或两个人终生牵挂——永远不再联系，但永远思念。

对有的人，最初，在被她拒绝之后，你痛不欲生，或者痛苦到你想努力活得更精彩，精彩到让她为自己的“有眼无珠”而后悔的程度；你下定决心，每隔一段时间，哪怕是过个三年五载，对她再旧事重提一次。你暗暗对自己说：娶不到她，毋宁单身。可是，没过几天你就没有了当初的痛不欲生，甚至听到她的名字时，也不再有之前那种特别的感觉。自然而然地，当你遇见下一个她时，便不知不觉地背叛了诺言——只不过，因为你背叛的对象是自己而不是别人，便很容易被宽恕，甚至完全意识不到这也是一种背叛。

就这样，一些你曾经认为永远也不会忘记、也从没打算忘记、更舍不得忘记的重要角色，却被你在不知不觉中忘记了。即便是偶尔会刻意回忆起一点儿模糊的画面，也全然没有了当初的那份深情。当然，不排除偶尔在遇见她的时候，你还会稍微冲动一下，或者有一夜情一下的冲动。

可是，如果对象换成了别的某个人，情况便会大不相同——你不会轻易死心。在分手之后或者被拒绝之后，在相当长的时间里，可能是一年半载，可能是七八年，也可能是几十年，她的名字，哪怕是她的名字中的某一个字，都对你有着勾魂摄魄的魅力——你在阅读的时候，只要看见那个字，会放慢速度多看几眼；你听见别人嘴里说出她的名字或者只是个同姓名或者只是同名不同姓，你都会将耳朵竖起来，希望那个名字能够被重复一遍；你偶尔遇见另一个人与她性格相似，或者只是文风相似，也立马会产生亲近感。

你是那么思念她，那么希望谈论她，但你不好意思跟你身边的朋友谈起她；不过，在内心里，你其实是非常希望别人在你面前八卦你和她的过去的——即便在通常情况下你很讨厌八卦。你甚至希望他们嘲笑你“脑子不开窍，在一棵树上吊死”，因为你以此为荣。

其实，很多时候，并不是真的不死心，而是你觉得“我不应该就这么轻易死心”；并不是你真的就有多么痴情，而是你有意识地把自己塑造成一副很痴情的形象。本来，你是可以很容易就忘记她的，但是你舍不得忘记她，你害怕忘记她，你甚至认为忘记她是一种罪恶。你为了向自己证明你对她确实用情很深，不停地写关于她的日记，自我陶醉，自我满足。在这种情况下，理智并没有压制情感，而是使之强化。写关于她的日记，其作用跟情书有个共通之处，即“自我洗脑”——不管是写情书还是写日记的过程中，你都会发现你比之前更爱她了。在积极心理学上，这叫作“行为可以影响态度”。

就这样，你沉迷于自己编织出来的梦幻中；逐渐地，你可能就真的成了痴情种子了，或者说，你变态了。

你陶醉在那份单相思中。你的痴情并不是为了感动她——因为她不可能知道，你最关注的，还是如何能感动你自己。这，究竟是痴情，还是自恋?

## 我奋斗了十八年还是不能跟你在一起谈哲学

一个哲学男在微博上发了一段话："刚才有个女生问我会不会像×××那样对自己喜欢的女人，坐两个小时的车，再花五个小时给她做饭，再坐两个小时的车回去。我想了一下，最后说，如果去那里可以聊哲学，那跑大老远去给她做饭也没关系。"好一个"哲学控"！读罢，感觉这话就像是我自己说的，兴奋之余以戏谑的口气回应道："明天，《中国青年报》头版头条将发表文章《〈我奋斗了十八年就是为了能够有机会跟你聊哲学〉作者一年后将在同一版面发文〈我奋斗了十八年还是不能跟你一起谈哲学〉》。"

大学期间，我单恋过一个女生。在激发我对哲学的兴趣方面，她与王德峰老师的地位是并驾齐驱的。我曾为她写过这么一句话："当年，在你面前，我显得那么没文化，我没有资格与你平等交流，我越是爱你，自卑感便越强烈……我早已与你失去联系，但这么多年，为了克服曾经的自卑感，我一直在努力学习，天天向上……我有这样一个奢望——能够有机会与你平等愉快地交流，哪怕是在六七十岁人老珠黄的时候。”其主题便是“我奋斗了十八年就是为了能够和你一起谈哲学”。

但有一个朋友在那条微博下面回复：“也许，几年之后，他写的是《我奋斗了十八年为什么要和你谈哲学》。”我心中一愣，是啊，自己喜欢哲学，就一定得跟恋人谈哲学吗？这样的爱情标准乃至婚姻理想，靠谱吗？

大学时，我就是个兴趣单一、无可救药的政治控。那时看报章杂志及跟同学交流的话题几乎是仅限于政治；看的哲学书，充其量也不过是政治哲学，以卢梭、孟德斯鸠、洛克、约翰·密尔、马基雅弗利、亚里士多德等为主。2007年考研，英语的作文题是个看图作文，图中画的是参加足球比赛的两个人，在某甲方队员的眼里，乙方的守门员是个巨人——他只要一站在那儿就把球门给堵严实了，你根本不可能踢进去。这么一幅图，我这个傻子根本就看不懂它是个啥主题，苦思冥想了十几分钟，只能说这是个“不正当竞争”。我明知这个理解太牵强，但只能这样将就，还洋洋洒洒地批判了垄断国企与中小型民企的不正当竞争，并且说这不符合科学发展观、不利于建设和谐社会云云。考后一问同时参加考试的其他同学，他们作文的主题都是“不要把自己的敌人想象得过于强大”，从后来的分数推断，我那次作文得分为0～3分（满分为20分）！

当David知道我的看图作文竟然跑题了，他对我表示了同情和嘲笑，更是一针见血地指出了原因：“在你眼里，只有政治，你平时的兴趣太单一了！”这句话的确是戳到了我的痛处。David尽管对我这个无可救药的政治控表示瞧不起，但他同时又以一种略带崇拜的表情对我说：“科学发展观、和谐社会，用英语怎么写，你居然也知道，太牛了。”是啊，我真他妈牛，Scientific Developmental Strategy及Harmonious Society这些专业性比较强的词语，没有在教科书上出现过，这可不是一般的大学生能知道的，倘若我不是个政治控，肯定也不会知道这两个词语了。这段越扯越远了，其实我真正想说的是：碍于政治控的身份，那个年代的我很难和自己喜欢的女生找到共同语言，因此也很少有透彻的交流。幸好，我从来没有遇到一个能够与我情投意合的女政治控；如果很“不幸”真遇到了，那我可能真的就走上了一条为政治献身的“不归路”。

我之所以说没遇到情投意合的女政治控是“幸好”，是因为我如今已经不喜欢那个曾经的政治控苏清涛了，我更喜欢的是现在的自己——一个能够很愉快地与自己欣赏或爱慕的女性谈人生谈哲学的我。大学毕业后这几年，尤其是最近两年，我的学习热情、读书状态远远超过在大学的时候，除自娱自乐之外，最主要的动机就是“为了和你一起谈哲学”。

可如今，朋友的一个戏谑“我奋斗了十八年为什么要和你谈哲学”将我从梦幻中惊醒——为什么一定要谈哲学，不能谈点别的吗？我要是只会跟你谈哲学，能避免“说不上该怎样评价”的尴尬结局吗？

新的问题是：假如我不跟你谈哲学，那究竟该谈些什么呢？

## 两个人的一厢情愿

两个曾经上铺下铺、无话不谈的兄弟，在其中一个突然间飞黄腾达而另一个依旧失意潦倒的时候，即便是两个人都很有诚意维持原来的友谊不降温，也不过是“两个人的一厢情愿”。因为后者很难完全克服自卑感和嫉妒心，尽管他会为此而自责和内疚，尽管他对前者的成功的祝福也是很真诚的；而前者，言行不可能再像以前那般毫无顾忌，他必须谨小慎微，避免伤害到后者的自尊心——两个人都无法随心所欲。

你大学刚毕业，因没有经验而找不到工作，正好有一个铁哥们儿与别人合伙开了家公司，他很友好地收留了你，你工作很卖力，却因为性格及其他种种原因，业绩很差，这可如何是好呢？你的哥儿们毕竟不是一个慈善家，他对股东承担的信托责任不允许他继续养着一个不能为公司创造价值的人，但从私人感情上考虑，他又不忍心将你fire掉，他还想给你一个创造奇迹的机会；你表示压力很大，便“引咎辞职”了。你们双方都能够对对方的心情表示理解，却又各自觉得哪里对不起对方，心怀愧疚，于是，你们的这种友谊背负上了很重的心理负担。或许，你们仍然是很好的朋友，却再也无法跟从前相比。让老板变成能够与你推心置腹的朋友，是一种了不起的能力，但是，让朋友成为老板，你极有可能失去这个朋友。

彼此深爱过也互相深深伤害过的一对恋人，在分手后还打算继续做很好的朋友，即便这两个人都很有诚意，那也至多不过是“两个人的一厢情愿”而已。因为，每个人的一言一行都必须谨慎，要竭力避免触及对方比较敏感的雷区，于是乎，交往便很不轻松、很不自然。

你苦苦追求TA未果，但还是心有不甘，便退而求其次，希望TA能成为你的soulmate，继续做你的精神支柱；TA由于不忍心伤害你，也希望你们之间的友谊不受影响。其实，这也只是“两个人的一厢情愿”。首先你自己就很矛盾，你一方面唯恐TA不知道你对TA仍然用情很深，不定期地用一句半真半假的调情话试探一下，另一方面为了让TA放心，你又极力掩饰，试图避免被TA看出你还保持着这种“不良企图”；TA呢，为了避免让你受到伤害，在刚拒绝你之后的那一阵子，对你表现得比之前还要友好，主要是为了安慰你脆弱的心灵，但是，TA还得时不时地提防着你死灰复燃（或许，压根儿就不是死灰，而是从来就没有熄灭过）。

还有一种可能，你在被拒绝后坚持“不打扰，是对你最好的祝福”这样一种信念，但是，你会有这样的顾虑：如果我突然间就彻底不打扰TA了，已经被骚扰惯了的TA在因“门前冷落车马稀”得到宁静的同时会不会又有点失落呢？TA一拒绝，我马上不理睬TA，那TA会不会觉得我心胸狭窄呢？于是，你尽管不忍心再去骚扰TA，还是不得不违心地打扰TA。总之，自从TA拒绝了你之后，你们两人所致力于维护的友谊一直就被疑虑困扰着。

很多情况下，两个单边主义是组合不出一个双边主义的，两个“你情我愿”未必等于“我们能够”。当然，对那些内心强大的、富有智慧的灵魂而言，这些都不是问题。

## 你既然已经沦落到相亲的地步，就别怪人家跟你“讲条件”了

“看完你那篇《越是有价值的媳妇，娶起来越便宜，持有成本越低》，正值相亲之际，而且我们这边习俗尤为烦琐，颇有感触。我很认同你文中的观点，然而，现实则是趋向于门当户对的，相亲的时候，尤其如此。”一个朋友这样对我说。

我开玩笑说：“那你赶快把这篇文章的链接甩给你的相亲对象啊。说不定，看完之后，她为了标榜自己是个‘有价值的媳妇’，就不收你彩礼，也会简化一些烦琐的仪式了。”

他当然是不敢这么干的。不过，我想，如果两人是在自由恋爱，他或许就敢呢。这正好说明，相亲所建立的恋爱关系是极其脆弱的，连开个玩笑都得十分谨慎。

前段时间，一个学弟告诉我，相亲回来之后，他对对方感觉比较一般，但那女孩子倒对他热情得不得了，甚至有死缠烂打之势，他感觉非常意外，也不知该如何招架。“都没有什么感情基础，她还对

我攻势这么猛，估计，是看重我两点。一是，我是重点高校的工科教师，如果有了项目，收入不会很低；二是，我们学校的附中很强，她可能会考虑到以后孩子上学的问题。”学弟说。

当时，我对他说：“暂且不论你的分析是否符合事实，但你也只是有潜力，目前还是一无所有。一个跟你相亲的女孩子，能看重你的潜力，而不是要求你当下就具备哪些条件，这已经比那些只贪图男人现在就‘条件很好’的女人和丈母娘高出几千倍了。你还有什么不满意的？”

我还对学弟说：“现在，你之所以心存芥蒂，可能就是因为怀疑人家看重的只是你的‘条件’，你怕这不是真爱。我们先抛开‘真爱也需要靠现实条件来维持’不说，问题是，你既然已经沦落到相亲的地步，就别再对真爱心存幻想了。”

我并没有把相亲一棍子打死的意思，相亲的过程中，当然有可能遇到真爱，但概率几乎为零。并且，倘若是抱着“找真爱”的动机去相亲，那本身就是too young，too naive。如果不是“心已沧桑”“累觉不爱”，谁会选择相亲这条“自找羞辱”的道路呢？一个头脑清醒的人，自他开始踏上相亲之路的那一刻起，就应该降低预期。要知道，相亲只是找一个结婚对象，而不是爱情。

我曾有过被人“介绍对象”的经历，但在尝试着接触之前，我就感到别扭。为什么呢？如果是自由地喜欢上一个人，在正式接触前，我最担心的是：万一她看不上我，该咋办？但是，在别人要给我“介绍对象”的情况下，我的第一反应却是：万一我见到对方之后没感觉，该咋办?

为何会出现这种差别呢?大概是因为，在自由地爱上一个人的时候，你会强烈地希望跟她在一起，但这种“归属感”太强了，反而会导致“安全感不足”；但是，在别人要给你“介绍对象”的情况下，你是安全感很强（那个未曾谋面的人本来就不在你的“预算”之内，即使不成功，也不算损失），却缺乏归属感（既然不曾了解，当然不会有啥愿望了）。

我绝对没有贬低别人介绍的对象或相亲对象的意思。实际上，你相亲的对象，在他们的日常生活中，也可能是别人的真爱；而别人所“抵触”的相亲对象，也可能是你的真爱。不是说相亲对象不好，而是说，“相亲”这个行为、这个仪式，太糟践人了！再出色、再有趣、再可爱的人，一旦被“投放”到相亲市场上，就立马掉价！（这个“掉价”，是精神上贬值，但以货币来衡量的“价格”，却是上涨的。这个，我们待会儿再说。）

在相亲这个大市场上，你审视别人，跟别人审视你一样，大家都彼此心知肚明、心照不宣罢了。你倘若拿着相亲对象跟你在生活中偶遇的真爱做比较，那真的就是智商情商都很“捉急”了。相亲对象的“正确打开方式”是：你不必过分计较对方的过去，你甚至也没有必要计较“我是不是TA的最爱”——你即便是没长脑子，也会知道，你肯定不是TA的最爱呀！这就如同TA肯定不是你的真爱一样“天经地义”。

降低了期望值，反而会少一些庸人自扰的争风吃醋，少了一些“作死”，这样，两个人相处起来可以风平浪静，虽然缺乏激情，但也算是能凑合吧。还有一个好处，这样做非常“省事”，往往在很多情况下，你不需要挖空心思去讨对方欢心，也不需要过多的小心翼翼。因为双方一开始就知道对方是什么意思，双方坐在饭桌上，讨论的问题可以说是一种异化的商业问题。

现在，我们再来探讨一个至为关键的问题：为何在相亲的过程中，双方围绕“硬件”的谈判往往显得十分赤裸裸，而不大会“顾忌形象”、不需要“遮羞布”？

通常，经自由恋爱走入婚姻的，即便是到了后期的“攻坚阶段”，物质条件已经成为一个绕不过去的话题了，人们在博弈的时候也会感到“难以启齿”，尽量委婉。

而在相亲的过程中，人们在面对“硬件”的推销及谈判问题时往往表现得十分赤裸裸，十分简单粗暴。可能，放在其他场合，如果男方一上来就推销自己的物质条件，一方面会显得对个人魅力缺乏自信，有暴发户气质；另一方面又有侮辱对方的嫌疑。女方也担心，如果自己一上来就提物质条件的需求，会遭遇“道德绑架”。但在相亲的过程中，这一切则都是顺理成章的。不过，需要注意的是，在相亲中，很难了解到对方的本质和精神方面，这会造成大家容易以表面现象来判断一个人。男人看重长相或许会选择一个精神生活很匮乏的美女，女人看重金钱或许会选择一个精神不对等的暴发户。这样一来，以后生活在一起，观念和性格的问题就成了婚姻中的定时炸弹。

当然，这绝不是说，在相亲或介绍对象的情况下，只有女人才要求“条件”，只有男人才会把自己的“条件”当成谈判的资本。事实上，男人也会要求“条件”。就拿我自己来说吧，如果是偶遇下的原汁原味的爱情，我根本就没有任何“标准”——在我对谁动心的那一瞬间，她就是我的标准；但倘若是别人要给我介绍对象，问我什么标准，我就会列出个一二三四五。比如，有一点“不食人间烟火”，具有一些理想主义气质；做人做事，功利心不要太强；有激情活力，能够持久地热忱于一件自己很喜欢的事情；乐观向上；浪漫、有幽默感；与社会主流价值观保持一定距离；有良好的阅读习惯，人文素养佳。另外，在自由恋爱的情况下，我不怕别人嫌我穷，但如果是被“介绍对象”，我就会担心这个无聊的问题。

为何会出现这种差异?

偶遇下的爱情、自由恋爱，我们关注的首要因素是有没有feeling，以及feeling的强烈程度，至于适合与否，那是次要的问题；而在相亲的场合下，关注的首要因素就是“合适与否”。

这跟当事人物质不物质、聪明不聪明、有没有“羞耻心”几乎是一点儿关系都没有；关键在于，一个“心已沧桑”“累觉不爱”的相亲者，已经开始对自己的价值有所怀疑了——认为自己没办法或不配拥有爱情；更重要的是，他不认为自己足够可爱，她不相信自己（或父母不相信自己的孩子）具备跟他一起创造幸福的能力。我跟你在一起，没有激情，也没法享受到吃醋的乐趣；感情无法到位，甚至压根儿就没有感情。这种情况下，就需要依靠各种“条件”来维持这样一份契约了。但这时往往是勉强地在一起，会觉得对方“这不好”“那点不足”“要是个子再高点儿就好了”“要是皮肤再白点儿就好了”等一系列想法，其实说白了就是一句话，你并不爱她（他），而只是找了一个结婚对象。结果往往是大家都感觉不够理想。但事实是，如果你感觉理想，对方就会觉得不理想了。

相亲的时候，“条件”是对“感情不到位”的补偿。我向你提出的条件的苛刻程度，跟“我不爱你的程度”呈正相关。反正，既然都“已经沦落至此”，又何必再故作矜持呢？

PS：

一个有过相亲经历的朋友在看过我的初稿后，对上文提到的“相亲所建立的关系是极其脆弱的，连开个玩笑都得谨慎”一句表示强烈共鸣。他说：“确实，开玩笑比较难，容易引起误会，或者人家觉得你太随意。因为双方的忍耐度都比较差，所以很容易出问题。”我回复道：“忍耐度差，是因为信息不对称导致的信任度低。再说，你又不是我的真爱，我凭啥忍耐你？”

## 名人推荐

男人女人都应该看看这本书。一部年轻男人的“爱经”，也许会从另一个角度，帮助我们打开一扇通往爱情与婚姻的新窗户。

**——幸知在线情感咨询平台CEO　潘幸知**

作者从亲密关系角度阐述一些婚恋现象，犀利，但真实，也给人们一些反思和自省。有句话这样说的：我所追求的一些宝藏，都在我心里。从他人满足自己的愿望去感受被爱，还不如去告诉自己“我值得被爱”。

**——极视智库专家、广州向日葵心理咨询中心创办人　胡慎之**

让“误终生”事件降为最低，我认为是这本书对女性朋友们的价值所在。青春是无价的， 让真相明白得更早一些，让不得不走的弯路更短一些，从这个意义上说，此书价值连城，值得每一个女性朋友一读。

**——颜之惠APP创始人CEO/著名自媒体人　聂帅**

经历了年轻时没有结果的恋爱，成熟之后，就知道应该如何找一个正确的人了。只有告别负能量，做好自己，才可能配得上一场高质量的爱情与婚姻。谈一场有价值的恋爱，成就更好的自己。

**——国际幸福关系研究院常务院长、中国婚姻家庭工作联合会会长　舒心**